Martina Nohl

Design your Job

Das Kritzelbuch zur beruflichen Neuorientierung

– oder wie du spielerisch an deinem glücklichen
und erfüllten Berufsleben bastelst

Workbook für (Selbst-)Coaching
und Laufbahngestaltung

Impressum

Alle Rechte vorbehalten
© 2.Aufl.2024, Dr. Martina Nohl, 69115 Heidelberg
Verlag: BoD • Books on Demand GmbH, In de
Tarpen 42, 22848 Norderstedt
Druck: Libri Plureos GmbH, Friedensallee 273, 22763 Hamburg
Titelillustration: www.depositphotos.com
Inhalt, Satz, Layout und Visualisierungen: Martina Nohl

ISBN: 978-3-743-174030
Alle Angaben in diesem Buch wurden sorgfältig kontrolliert. Weder Autorin noch Verlag können jedoch für Schäden haftbar gemacht werden, die in Zusammenhang mit der Verwendung dieses Buches entstehen.

Bibliografische Information der Deutschen Nationalbibliothek. Die Deutsche Nationalbibliothek verzeichnet diese Publikation in der Deutschen Nationalbibliografie; detaillierte bibliografische Daten sind im Internet über http://dnb.d-nb.de abrufbar.

Dieses Buch wartet auf dich, wenn du ...

- beruflich unzufrieden bist und irgendwie feststeckst
- einfach mal schauen möchtest, was noch so für dich „drin" wäre
- ein berufliches Leben gestalten willst, das für dich Sinn macht
- dich traust zu kritzeln und ins Blaue hinein zu denken
- einen Weg finden möchtest, Familie und Beruf unter einen Hut zu bringen
- neugierig auf deine eigene Kreativität bist
- dir ein paar Stunden Auszeit für dein Lebensthema „Ich und mein Job" nehmen willst
- deinen aktuellen Job verbessern möchtest, damit du morgens wieder gerne arbeiten gehst
- eine Entscheidungsgrundlage haben willst, ob du bleibst oder gehst
- dich mit anderen auf die Reise zu mehr beruflicher Zufriedenheit begeben willst

Du findest hier ...

ein Schritt-für-Schritt-System, das funktioniert

Übungen und Kritzeleien, die ganz nebenbei zu wichtigen Einsichten werden

eine Anleitung für mehr Kreativität in deiner beruflichen Orientierung

kleine Bewegungen, die zu großen Veränderungen führen können

Spaß am (gedanklichen) Ausprobieren

Über mich

Für mich ist es das Größte, wenn du dein inneres und berufliches Zuhause findest. Denn damit machst du nicht nur dich, sondern auch viele andere glücklich!

- Laufbahnberaterin seit 2003 Essenz-/Purposecoach
- Zukunftscommunity: Genial-leben.com (im Aufbau)
- Mulit-Potential und Arbeitsgenussmensch
- Schreibe gerne praxisnahe Ratgeber, Arbeitshefte und Fachbücher für Coachs
- ich bin kein Profi im Zeichnen, aber ich versuch's
- Kompetenzplattform und Weiterbildung für Coachs

Das findest du im Kritzelteil:

1. Ich und mein Job – die Basis klären

- Beruflich unzufrieden 12
- Wie standfest ist mein Job? 13
- Arbeitsbotschaften aus dem Off 14
- Ich als 15
- Arbeit ist für mich 16
- Leben ist für mich 17
- Weil ich es mir wert bin! 18
- Jobanalyse 19

2. Die Bausteine sichten und sammeln

- Der pure Neid..................... 21
- Das ist mir wichtig 22
- Boxenstopp....................... 23
- Das mache ich gerne............... 24
- Energielieferanten auf der Spur 25
- Lieblingstätigkeiten 26
- Kernkompetenzen 27
- Das interessiert mich 28
- Davon will ich mehr 29

3. Zukunftsentwurf gestalten

- Meine Rolle im Job 31
- Mein Arbeitsstil 32
- Das Bild meines Lebens 33
- Meine Vision-Map 34
- Zutaten für meine Zufriedenheit im Job 36
- Job-Redesign 37

4. Jobideen generieren

- Von Tätigkeiten zu Jobideen 39
- Das Leben vorwärts entwerfen 44
- Mein Portfolio 47
- Facebook-Gruppe „Design your Job" 49

5. Optionen wählen

- Bleiben oder gehen?................ 51
- Jobideen einschätzen 52
- Optionen-Talk 55
- Vorbilder......................... 57
- Kassensturz für mehr Freiheit 58
- Die Sieger........................ 59

6. Prototyping

- Jobideen-Interviews 61
- Auswertung Interviews............. 63
- Prototypen 64
- Prototyp-Brainstorming 65
- Prototyp-Ideen.................... 66
- Mein Patchwork-Job 1/2............ 67

7. Mein neuer Job

- (Teil-)Selbstständig oder nicht?....... 70
- Bin ich ein/e Unternehmer/in? 71
- Unternehmerische Ideen 1/2......... 72
- U-Idee als Prototyp testen 74
- U-Idee prüfen..................... 75
- Anschreiben vorbereiten 76
- Schaffe deinen eigenen Job......... 78
- To Do's einmal anders 79
- Meilensteine finden 80
- Goal-Setting...................... 81
- Stimmen der Angst und des Zweifels... 82
- Versöhnung mit den Leibwächtern..... 83
- Meine neue Geschichte 84

Die Plattform „Genial-leben.com"
Dein zusätzlicher Erfolgsfaktor

Oft ist man in der beruflichen Orientierung eher einsam unterwegs, weil die anderen nicht so weit sind, bereits glücklich arbeiten oder sich generell nicht aus ihrer Komfortzone trauen. Deswegen hilft eine Gruppe von Gleichgesinnten, damit du nicht „aus Versehen" aufgibst

Auf meiner Zukunftsplattform „Genial-leben" treffen sich Menschen, die sich entfalten und ein erfülltes und fokussiertes Leben gestalten wollen. Hier können sich Leser:innen meiner Ratgeber und Arbeitshefte gegenseitig unterstützen.

Ab Mitte 2025 findest du dort eine kostenlose Community, in der du dich anmelden kannst und Fragen in die Runde geben kannst. Lade dann auch gerne ein Foto der ausgefüllten Übung oder Seite hoch, damit jeder weiß, worauf du dich beziehst. In der Community gehen wir respektvoll miteinander um. Keine Frage ist zu einfach oder zu „doof", um gestellt zu werden. Ich sorge für die Einhaltung dieser Regel.

Die Community kann dich unterstützten ...
- wenn du einen Durchhänger hast. Lass dich aufbauen von Menschen, die vielleicht schon einen kleinen Schritt weiter sind. Beschreibe, wo du gerade hängst und was dir so schwer fällt.
- wenn du Ideen benötigst. Angenommen du hast dein Profil oder deine Kernkompetenzen ausgefüllt, hast aber keine Ahnung, was du damit anfangen könntest. Gib deine Bilder in die Gruppe und bitte um Ideen.
- wenn du Kontakte oder Tipps benötigst. Wer kennt z.B. jemanden im Bereich Personalentwicklung für Infogespräche? Wer dreht gute Videos und kann mich bei einem Prototypen unterstützen? Wer ist fit im Bereich Bewerbungsgestaltung und würde mal über meine Bewerbung schauen?

Du weißt, jedes Netzwerk ist nur so gut wie seine Teilnehmer. Stelle selbst dein Knowhow zur Verfügung und engagiere dich, bevor du nimmst und bittest ;-)

Ich werde immer wieder anwesend sein, allerdings nicht als Beraterin. Aber ich bin sehr gerne dabei als Moderatorin und Motivatorin und gebe immer wieder Tipps und weiterführende Infos in die Gruppe.

Schau einfach vorbei und mach dich zusammen mit anderen auf den Weg. Ich wünsche dir jede Menge Energie, Unterstützung bei Durststrecken und dass du möglichst bald die Freude spürst, die entsteht, wenn du deinen für dich stimmigen Weg gehst.

Martina Nohl

Wie Designer ticken

Ab S. 89 und auf meiner Website findest du ein paar beispielhaft ausgefüllte Seiten, nur falls du mal gucken möchtest, wie andere das so machen …

- Designer erfinden selten etwas neu, aber sie bauen das, was da ist, neu und clever zusammen.
- Designer schaffen Verbindungen, sie verbinden zum Beispiel Kundenwünsche und ein Produkt miteinander.

- Designer haben keine fix und fertigen Lösungen, aber sie vertrauen auf den Weg. Sie erschaffen Stück für Stück Trittsteine unter ihren Füßen.

20 Min. Zeit für dich

Tee oder Kaffee

ein gemütliches Plätzchen

Lieblingsstift und Marker

Dein Kritzelbuch

los geht's

Nützliche Einstellungen von Designern, die du dir abschauen kannst:

1. Sei optimistisch – es gibt immer eine Lösung
2. tu etwas, probier einfach mal aus
3. arbeite mit anderen zusammen, nimm Hilfe an
4. Genieße den Weg und die nächsten Schritte
5. schau immer wieder auf das große Ganze und wechsle gelegentlich die Perspektive

Job-Bullshit-Bingo

Mein (Studien-)Abschluss bestimmt, was ich arbeite.	▷ 3/4 aller Beschäftigten arbeiten nicht mehr in ihrem ursprünglichen Beruf.
Wenn ich erst mal erfolgreich bin (genug verdiene, Karriere mache etc.) bin ich glücklich.	▷ Berufliches Glück kommt von einem stimmigen Job, der individuell zu dir passt.
Ich bin zu alt, es ist zu spät, nochmal etwas zu verändern. Arbeit ist einzig und allein das, wofür ich bezahlt werde.	▷ Es ist nie zu spät ein tätiges Leben zu gestalten, das dich erfüllt. Arbeit ist Tätigsein in der Welt. Arbeit ist Partizipation.
Arbeit ist genau ein Job bei einem Arbeitgeber.	▷ Die meisten Menschen werden zukünftig in mehreren Arbeitsprojekten arbeiten (z.B. auch in einer Mischung aus selbstständig und angestellt).
Meine berufliche Perspektive wird sich schon irgendwann von selbst entwickeln.	▷ Du kannst kein passendes berufliches Ziel entwickeln, wenn du nicht weißt, wo du stehst und nicht planst, wo du hinmöchtest.
Arbeit muss keinen Spaß machen, deswegen heißt sie ja Arbeit!	▷ Freude und Spaß sind die besten Wegweiser auf dem Weg zur passenden Arbeit.
Ich muss den richtigen Job für mich finden!	▷ Du brauchst eine Menge Ideen, um einige gute auszuprobieren. Tatsächlich haben wir alle mehr als ein Leben in uns.
Wenn ich alle verfügbaren Infos über meinen zukünftigen Job gesammelt habe, kann es direkt losgehen (mit Bewerbungen oder Existenzgründung).	▷ Es ist empfehlenswert, eine Jobidee erst einmal im Kleinen zu testen. Das nennt sich Prototyping.

Der Design-your-Job-Prozess

Der Design-your-Job-Prozess ist abgeleitet aus dem Design-Thinking. Hier wechseln sich im Laufe des Prozesses zwei Arten des kreativen Denkens immer wieder ab:

Divergierendes Denken beschreibt eine breite Suche nach vielen unterschiedlichen und neuen Alternativen. Konvergierendes Denken beschreibt eine fokussierte positive Auswertung der gefundenen Möglichkeiten.

- Start
- Bausteine sichten und sammeln
- Ausgangsbasis klären
- Jobideen generieren
- Zukunftsentwurf entwickeln
- Prototypen entwickeln
- Optionen wählen
- Ziel
- MEIN neuer Job

Ziel des Arbeitshefts ist es...

dass du ein Leben gestaltest, das stimmig (kohärent) ist, mit dem, was du bist, was dir wichtig ist und was du tust. Menschen, die auch in einer immer komplexer werdenden Welt langfristig gesund sein wollen, leben kohärent.

Mich erinnert mein Schild „I did it my way" jeden Tag daran, wie wichtig es mir ist, „mein Ding" zu machen. Und was ist dein Symbol?

Sinn
Was macht Sinn für mich, warum tue ich, was ich tue?

Kohärenz

Verstehbarkeit
Wer bin ich und wie bin ich geworden?
Was ist mir wichtig?
Wo liegen meine Potenziale?

Machbarkeit
Was ist machbar für mich – in meiner Lebensphase, mit meinen Ressourcen und Lebensumständen? Wie kann ich mich entwickeln?

Ich und mein Job – die Basis klären

Die meisten Menschen planen ihren Urlaub schon lange im Voraus. Sie schreiben Packlisten, vergleichen Preise und Flugzeiten, befragen Freunde, die schon mal in dem Land waren und verbringen Abende mit der Vorfreude auf ein paar Wochen schöne Zeit im Jahr.

Mich wundert immer wieder, wie wenig Zeit die gleichen Menschen für ihre berufliche Lebensplanung aufbringen. Ich habe im Laufe der Jahre ein paar Gründe herausfinden können:

1. Das Thema scheint eher unangenehm und einschüchternd zu sein. Vermutlich weil es tatsächlich komplex ist und wir nicht wissen, wie wir damit loslegen können und uns deswegen systematisch davor drücken (der berühmte „Totstellreflex").
2. Es scheint keinen Spaß zu machen, weil es zu sehr nach Arbeit „riecht", man Übungen ausfüllen muss und sich gelegentlich aus seiner Komfortzone wagen sollte, um neue Möglichkeiten zu erkunden.
3. Wir sind in Deutschland nicht bereit, dafür Geld auszugeben. Denn der Nutzen von langfristiger Investition in unsere Persönlichkeitsentwicklung wird oft nicht direkt sichtbar. Aber die positiven Auswirkungen einer Laufbahnberatung bzw. eines beruflichen Orientierungscoachings auf die Arbeitszufriedenheit und das berufliche Glück wirken noch Monate und Jahre später nach.

Mal sehen, was sich da machen lässt:
1. Ich gebe dir mit diesem Arbeitsheft einen Fahrplan an die Hand, mit dem du sicher durch einen komplexen Prozess geführt wirst.
2. Vielleicht verleitet dich die Form (und meine eigenen perfektionsfreien Visualisierungen) dazu, spielerisch mitzumachen und „nur mal so auf dem Papier" ein paar Dinge auszuprobieren.
3. Das Arbeitsheft ist für jeden erschwinglich, zudem gibt es kostenlose Unterstützung in unserer Facebook-Gruppe.

Die Zeit der Ausreden ist vorbei!

Jetzt kann es losgehen, Schritt für Schritt in ein glücklicheres Arbeitsleben. Gleichzeitig wirst du schon jetzt attraktiver für deinen Arbeitgeber, weil du weißt, was du kannst und was du willst. Du steigerst damit deine Beschäftigungsfähigkeit und deinen Marktwert.

1. Beruflich unzufrieden?

Vervollständige die Mindmap mit deinen ersten Gedanken.

> Biege dein Workbook gut auf, damit du die Seiten bequem ausfüllen kannst. Es hält es aus ;-)

Was ist dir klar geworden?

1. Wie standfest ist mein Job?

Zeichne hier die Säulen deiner Arbeitszufriedenheit ein:
welche ist dick und stabil, welche bröckelt?

1. Tätigkeiten
2. Inhalte
3. Arbeitsklima
4. Arbeitsbedingungen
5. Entwicklungsmöglichkeiten

Kreuze hier die für dich wichtigsten Säulen an:

! Was wird dir deutlich?

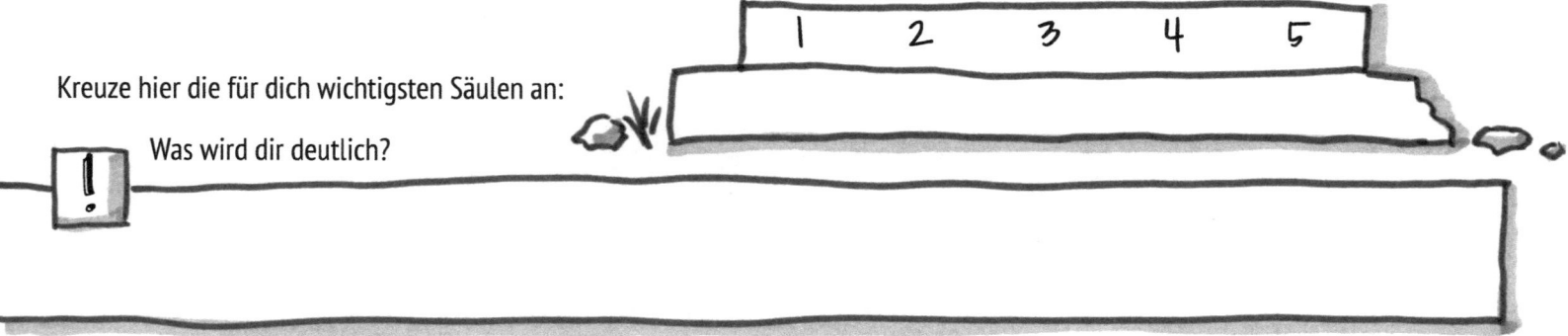

1. Arbeitsbotschaften aus dem Off

Schreibe das, was die Personen über ihre Arbeit gesagt haben und das, was du ihrer Ansicht nach tun solltest, in die Kästchen.

- Mutter
- Lehrer
- Vater
- Großeltern
- sonst. Influencer

Was ist dir heute noch wichtig. Welche „Geister" willst du loswerden?

1. Arbeit ist für mich...

Schreib' die Sätze spontan weiter. Notiere wirklich das, was dir zuerst in den Sinn kommt.

Ich arbeite, weil ...

Arbeit ist für mich ...

Persönlichkeitsentwicklung und Arbeit sind für mich ...

Wenn ich nicht arbeiten könnte, heißt das für mich ...

Arbeit ist für mich erfüllend/ befriedigend, wenn ...

Meine Arbeit sehe ich in der Welt als ...

Geld hängt für mich mit Arbeit so zusammen:

1. Leben ist für mich...

Schreib' die Sätze spontan weiter.

Ein Leben ist dann für mich ein gutes Leben, wenn ...

Leben bedeutet für mich ...

Mein Leben ist sinnvoll in Bezug auf die Welt, wenn ...

Mein Lebenssinn ist ...

Am Ende meines Lebens will ich ...

In Verbindung mit anderen ist mir in meinem Leben wichtig, dass ...

Ich glaube an etwas Höheres. Das bedeutet für mich dass ...

Was fällt dir auf, wenn du deine Ansichten über dein Leben und das Arbeiten vergleichst?

1. Weil ich es mir wert bin!

Manchmal gestehen wir uns aus den unterschiedlichsten Gründen eine berufliche Perspektive, die Spaß macht, nicht zu.

Schreibe dir selbst einen Brief. Hier einige Anregungen für den Inhalt:

- ✗ Ich verdiene einen Job, der mich glücklich macht, weil ...
- ✗ Das steht mir zu ...
- ✗ Ich darf ...
- ✗ Das tut mir gut ...
- ✗ Es ist erlaubt, dass ich ...
- ✗ Ich erlaube mir ...
- ✗ Es macht mich glücklich, wenn ...
- ✗ Ich träume davon, dass ...
- ✗ Ich habe bisher vernachlässigt, dass ...

Lege den Brief in eine Schublade mit Datum und dem Vermerk „Erst in 3 Jahren öffnen".

Versende ihn als Flaschenpost in einem Fluss.

Lass ihn als Papierflieger von einem Turm fliegen.

Und vertraue darauf, dass es nicht nur einen Job da draußen gibt, der dir Freude machen könnte, sondern sogar viele!

Was macht dich nachdenklich? Was soll anders werden?

1. Jobanalyse

Aus welchen Inhaltsstoffen besteht dein aktueller Job (oder der letzte, wenn du gerade arbeitssuchend bist)? Schreibe die Bestandteile rechts neben die Flasche. Du kannst grün anmarkern, was du magst, und rot, was du gerne loswerden oder verändern möchtest.

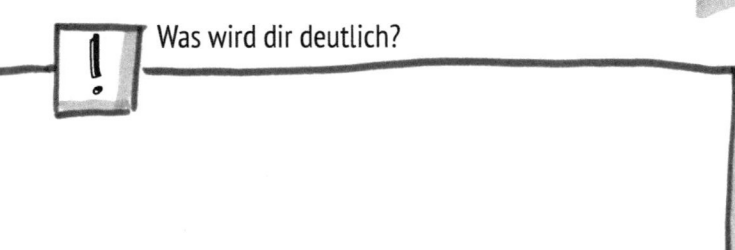
Was wird dir deutlich?

2 Die Bausteine sichten und sammeln

Nachdem du im ersten Kapitel eher aus der Vogelperspektive geschaut hast, wie das gerade so ist mit deinem Job, deiner Person und deinen Vorstellungen über das Leben und Arbeiten, gehen wir jetzt mehr ins Detail.

Wir sammeln unterschiedliche Bausteine, aus denen sich dein jetziger Job zu Teilen zusammensetzt. Oft gibt es noch viel mehr, was du an Ressourcen (Mittel, um etwas Bestimmtes zu tun), Potenzial (Fähigkeit zur Entwicklung) und Kompetenzen (Fähigkeiten und Haltungen in verschiedenen Bereichen) mitbringst und in deinem zukünftigen Job einsetzen könntest.

Das, was dir wichtig ist, deine Werte, sind nicht selten der Grund, warum du an deinem aktuellen Arbeitsplatz nicht glücklich bist. Wenn du gerne auf Qualität achtest, alles aber nur noch in einem Affenzahn abarbeiten sollst, ist das eine Werteverletzung. Wenn du gerne und gut im Team agierst, du aber immer mehr im Außendienst eingesetzt bist, ist das ein Bruch mit deinen Werten. Finde heraus, welche Werte dir im Arbeitsleben so wichtig sind, dass sie gegeben und erfüllt sein müssen, damit du auch in Zukunft gerne deine Arbeitskraft für dieses Unternehmen oder diese Zielgruppe einsetzt. Manchmal ist es aber gar nicht so leicht zu sagen, was einem wichtig ist. Lass dir dabei helfen. Dein eigener Eindruck ist immer das sogenannte Selbstbild. Wenn du andere fragst, wie sie dich einschätzen, hast du ein Fremdbild. Bei größeren beruflichen Vorhaben, ist es immer gut, das Fremdbild einiger Personen einzuholen, die dir ehrlich sagen, was sie von dir halten. Der Unterschied zwischen Selbstbild und Fremdbild zeigt dir, wo du noch daran arbeiten kannst, dass die Person, als die du dich siehst, auch nach außen hin sichtbar wird.

Ein großer Baustein sind auch deine Interessen. Diese Interessen können zu Arbeitsinhalten werden – wenn du das möchtest. Manchmal wissen wir aber auch genau, dass wir einzelne Interessen nur als Hobby betreiben möchten. Doch überprüfe dich und deine Haltung gerne auch kritisch: Ist das so, weil du das willst, oder weil man dir als Kind oder als Erwachsene gesagt hat, dass das Interesse sowieso „brotlos" ist oder man unglaublich begabt sein muss, um damit eine Chance zu haben?

In diesem Kapitel musst du noch gar nichts aussortieren und entscheiden. Es geht darum, möglichst breit und tief zu sammeln, was dich ausmacht und wer du wirklich bist.

2. Der pure Neid!

Schreibe die Person oder das Berufsbild oben in das Feld und schreibe darunter, was du daran toll findest. Was sagt das über dich und deine Sehnsucht?

Diese Menschen beneide ich um ihren Job:

Diese Menschen tun etwas Sinnvolles:

2. Das ist mir wichtig

emotional, in Beziehungen

z.B. sein zu können, wie ich bin, Spaß, Offenheit, Neugier, Dankbarkeit

geistig, kognitiv

z.B. Zielklarheit, Ehrgeiz, Lernen, gute Qualifikation, Kreativität

gesellschaftlich, spirituell

z.B. Loyalität, Vertrauen, klare Regeln, Wertschätzung, Gerechtigkeit

körperlich, materiell

z.B. gutes Essen, Lust, Reisen, mein Auto, neueste Technik, körperl. Arbeit

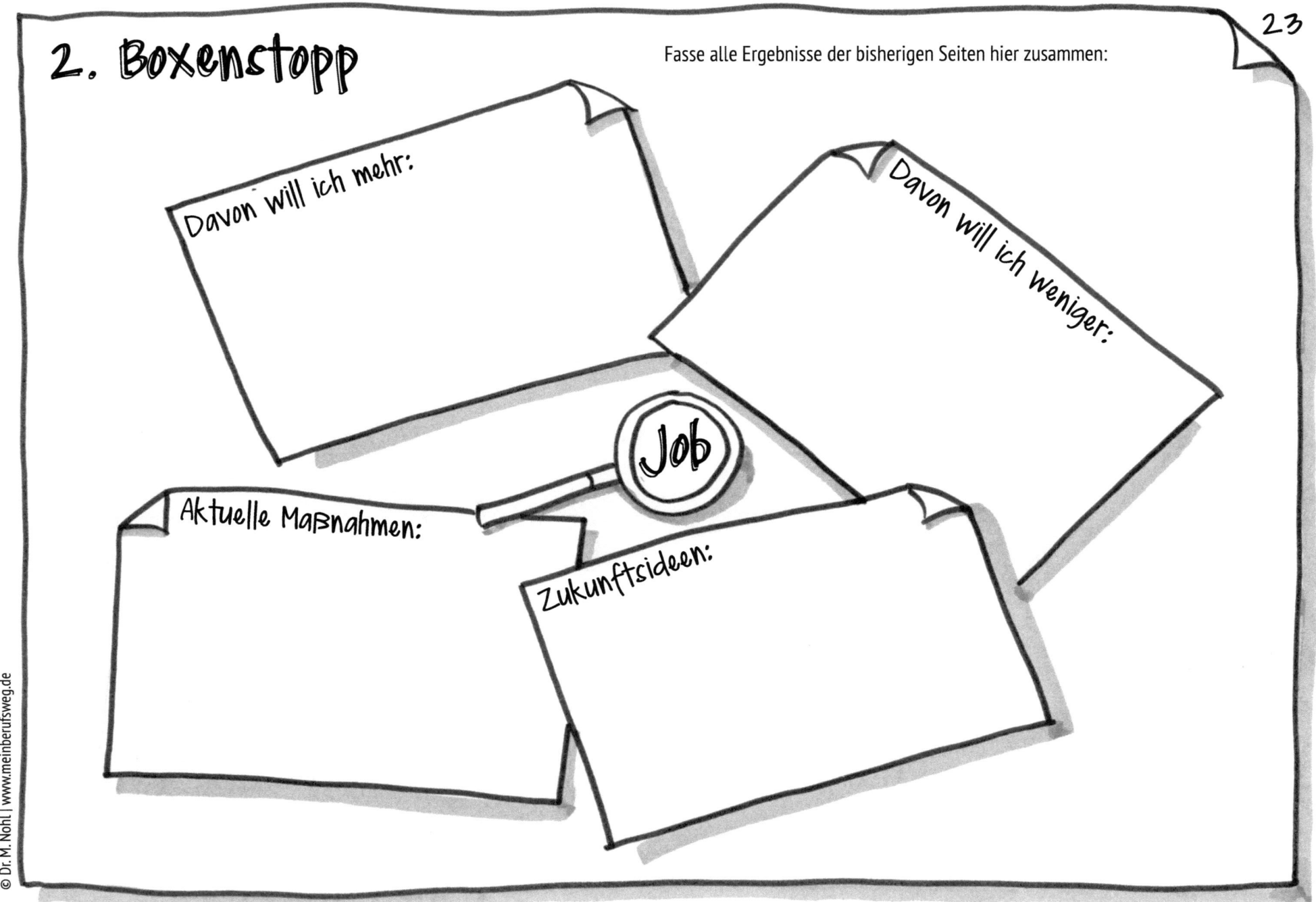

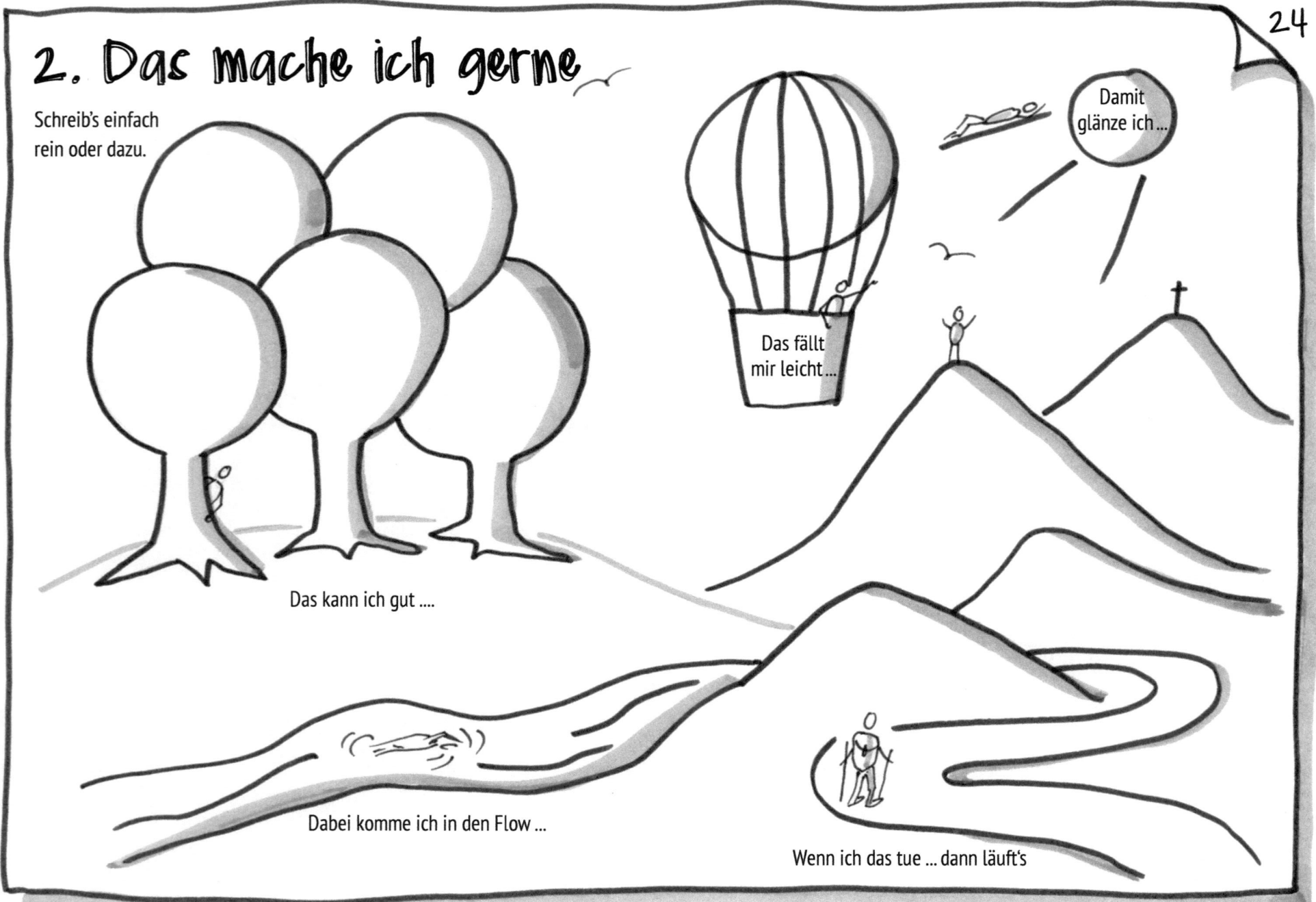

2. Energielieferanten auf der Spur

Liste alle Tätigkeiten deines aktuellen oder letzten Jobs einer Woche auf und bewerte aus dem Bauch heraus, wieviel Energie sie dir geben oder wieviel Energie sie dich kosten.

Finde weitere Tätigkeiten, die du gerne tust aus vergangenen Jobs, Hobbies oder generell aus deinem Privatleben und bewerte sie ebenfalls auf der Skala.

2. Kernkompetenzen

Suche deine Kompetenzen aus den letzten beiden Übungen zusammen.

Fähigkeiten, Tätigkeiten, die du gerne, oft und gut tust, könnten deine Kernkompetenzen sein. Schreibe dazu, in welcher Situation du sie schon „bewiesen" hast. Das ist eine gute Argumentationsgrundlage für dein Jobinterview.

100% proven quality

2. Das interessiert mich

Bau deine eigenen Interessenstürmchen als Infografik. Bei welchen Themen und Inhalten bleibst du wo/mit wem immer wieder hängen? Zeichne die Anteile ein und schreib' das Thema dazu.

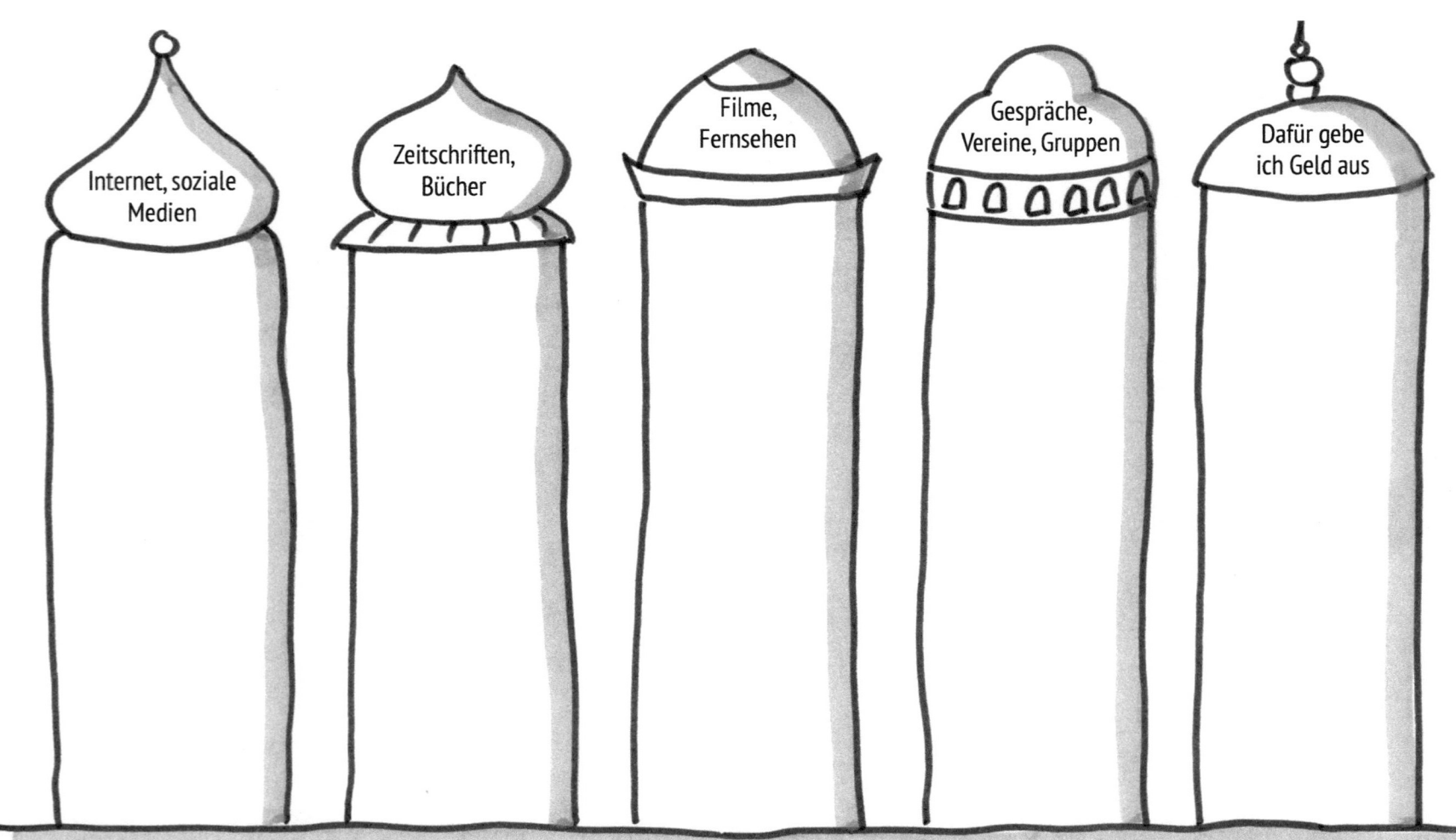

2. Davon will ich mehr

Wenn du frei wählen könntest, welche Interessen, Neigungen und Leidenschaften würdest du in welchem Umfeld gerne mehr ausleben? Lass dich von den Ideen um den Kreis inspirieren und baue eine Tortengrafik mit deinen Interessensanteilen, die du entwickeln möchtest. Markere anschließend die, die du beruflich ausbauen möchtest.

Weiterbildung zu…

Recherche über…

Reise nach…

Projekt…

Ideengruppe zu….

Gespräche mit/über…

Online-Plattform zu…

Messe zu/mit…

Event zu…

Video/Film über…

Artikel zu…

Kurs zu…

Expertentreffen mit…

3 Zukunftsentwurf gestalten

Wir alle haben so eine Idee, wie unser Leben eigentlich sein sollte. Vielleicht sind wir inzwischen frustriert, ernüchtert, ent-täuscht, so dass wir gar nicht mehr daran glauben, dass das Leben wieder besser wird. Aber einen Funken Hoffnung musst du gehabt haben, sonst hättest du nicht zu diesem Heft gegriffen ;-)

Wenn wir diese Idee ausdrücken möchten, dann ist sie wirklich schwierig zu beschreiben und zu verstehen, außer wir nehmen ein Bild zur Hilfe. In diesem Kapitel erarbeitest du dir deine Zukunftsbilder.

Dazu gehört auch, wie und wo du dich im Arbeitsleben siehst, also deine Arbeitsrollen und Karrierevorstellungen. Schaue hier gut hin, ob du die bisherigen Rollen und Karrierewege weiter gehen willst, oder ob ein Wechsel ansteht, damit du deine Persönlichkeit und dein berufliches Ich noch besser zur Geltung bringst. Es wäre möglich, dass du feststellst, dass deine Unzufriedenheit z.B. von einer Führungsaufgabe kommt, die du eigentlich gar nicht haben willst.

Dann beginnst du die Elemente für deine Vision zusammenzutragen. Vision ist ein großes Wort, heute wird sie auch gerne „dein Warum" oder „dein Purpose" genannt. Sie ist das, was dich bewegt und antreibt, bestimmte Dinge zu tun. Motivation ist dafür meist ein zu schwaches Wort. Es ist etwas Größeres, was da aufblitzt. Versuche es in diesem Kapitel einzukreisen, auch wenn du es noch nicht ganz benennen kannst.

Wenn du eher pragmatisch eingestellt bist und damit wenig anfangen kannst, belasse es bei einzelnen Aspekten, die du sammelst und auf deren Umsetzung du achten wirst.

Wenn du schon einem Text dazu formulieren kannst, ist diese Vision so ein richtiger Leuchtturm, der aus der Ferne blinkt, so dass du das große Ganze nicht aus den Augen verlierst, selbst wenn du mal einen Umweg gehen musst. Lies sie regelmäßig und passe sie an, sobald sie dir noch klarer geworden ist.

Aus den Elementen deiner Vision leitest du dann die Faktoren für deine zukünftige Arbeitszufriedenheit ab. Diese Kriterien sind später in der Entscheidungsphase Gold wert.

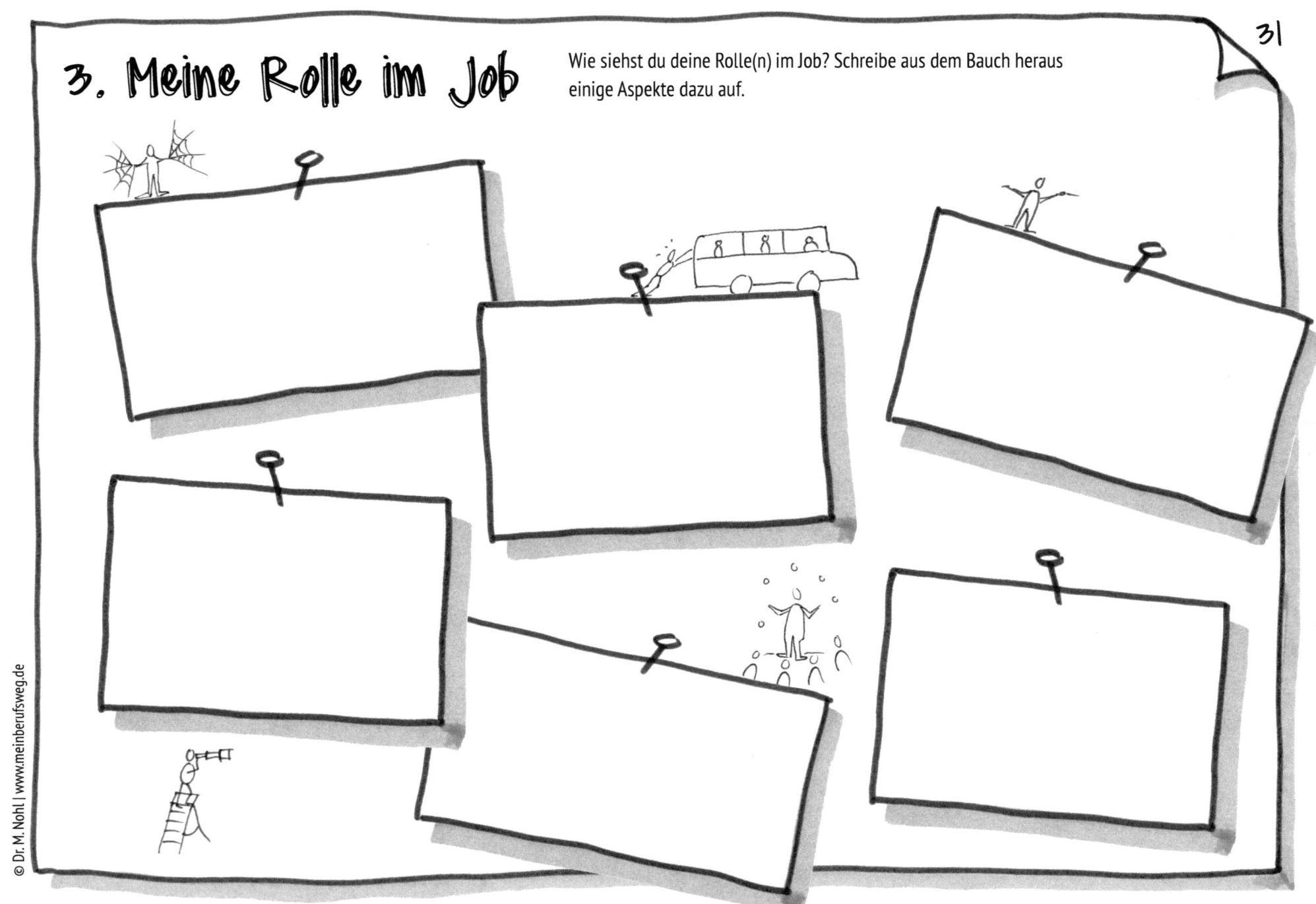

3. Mein Arbeitsstil

Zeichne jeweils einen Schieberegler auf die Skala, je nachdem, wo du aktuell stehst. Zeichne jeweils in einer anderen Farbe einen zweiten Regler auf die Achse, wohin du in Zukunft tendierst.

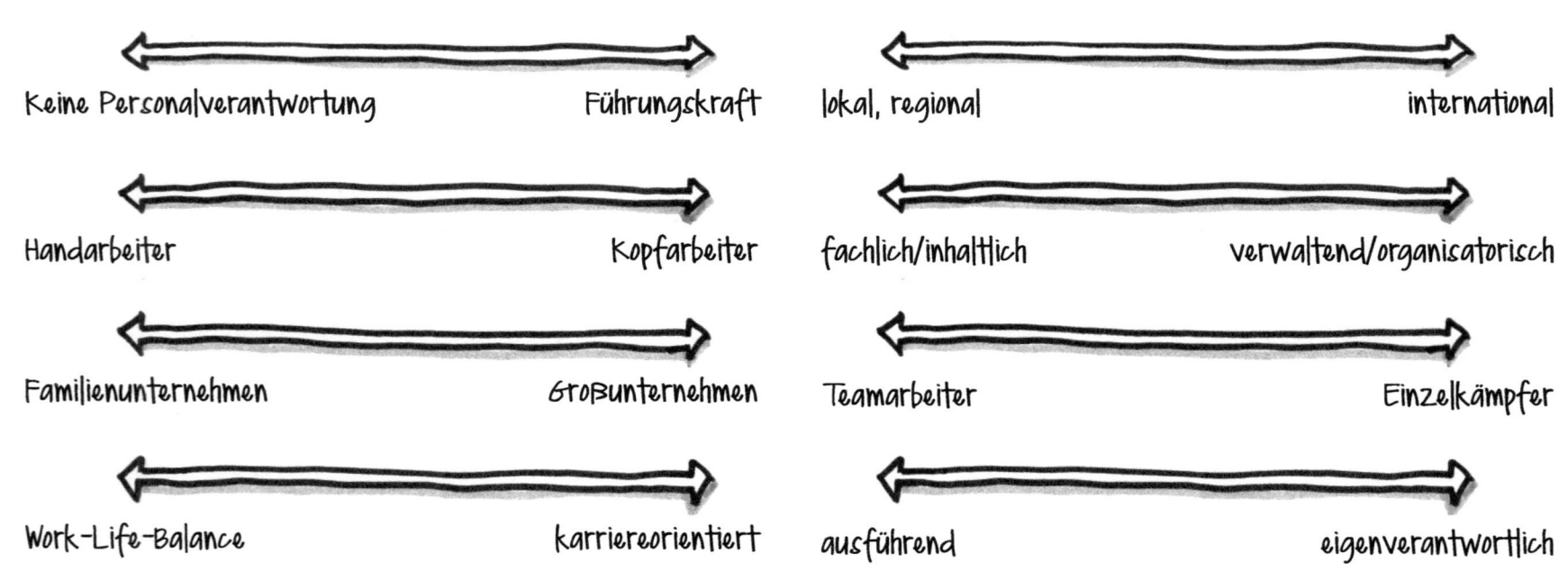

Wie formulierst du deinen gewünschten Arbeitsstil in eigenen Worten?

3. Das Bild meines Lebens

Mein (berufliches) Leben fühlt sich gerade an wie ... Finde dein Bild und skizziere es links. Es wäre schön, wenn sich mein (berufliches) Leben so ... anfühlt. Finde dein Bild und skizziere es rechts.

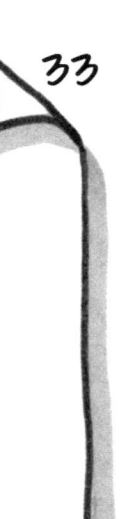

Tipp: Wenn du es nicht skizzieren kannst, google es mit der Google-Bildersuche, zeichne es dann ab.

3. Meine Vision

In einer Vision blitzt die Zukunft in der Gegenwart auf. Zeichne deinen Kopf auf die Vision-Person. Lies nochmal deine Ergebnisse aus Kapitel 2 und schreib' alles, was wichtig ist, in den Kreis. Stelle dann den Fokus ein wenig unscharf und schau, was dich kräftiger anblitzt, markere diese Ergebnisse an. Damit geht es weiter. Wenn du möchtest, schreib zusammen mit den Ergebnissen von Seite 33 ein bis zwei DIN-A4-Seiten über deine Vision auf. Beginne immer wieder mit: „In meinem (beruflichen) Leben ist mir wichtig, dass...", „Für mich macht es Sinn, wenn...."

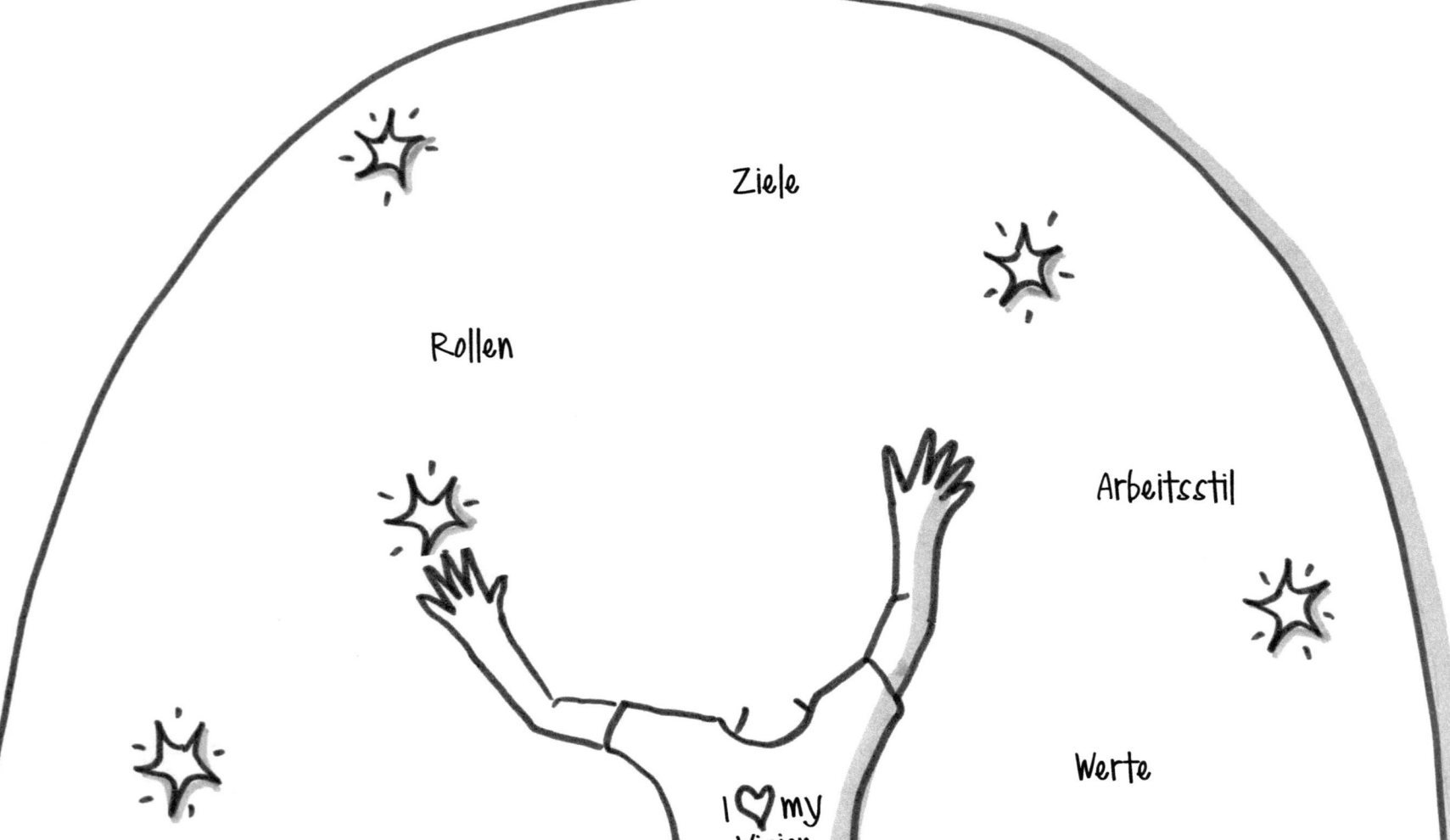

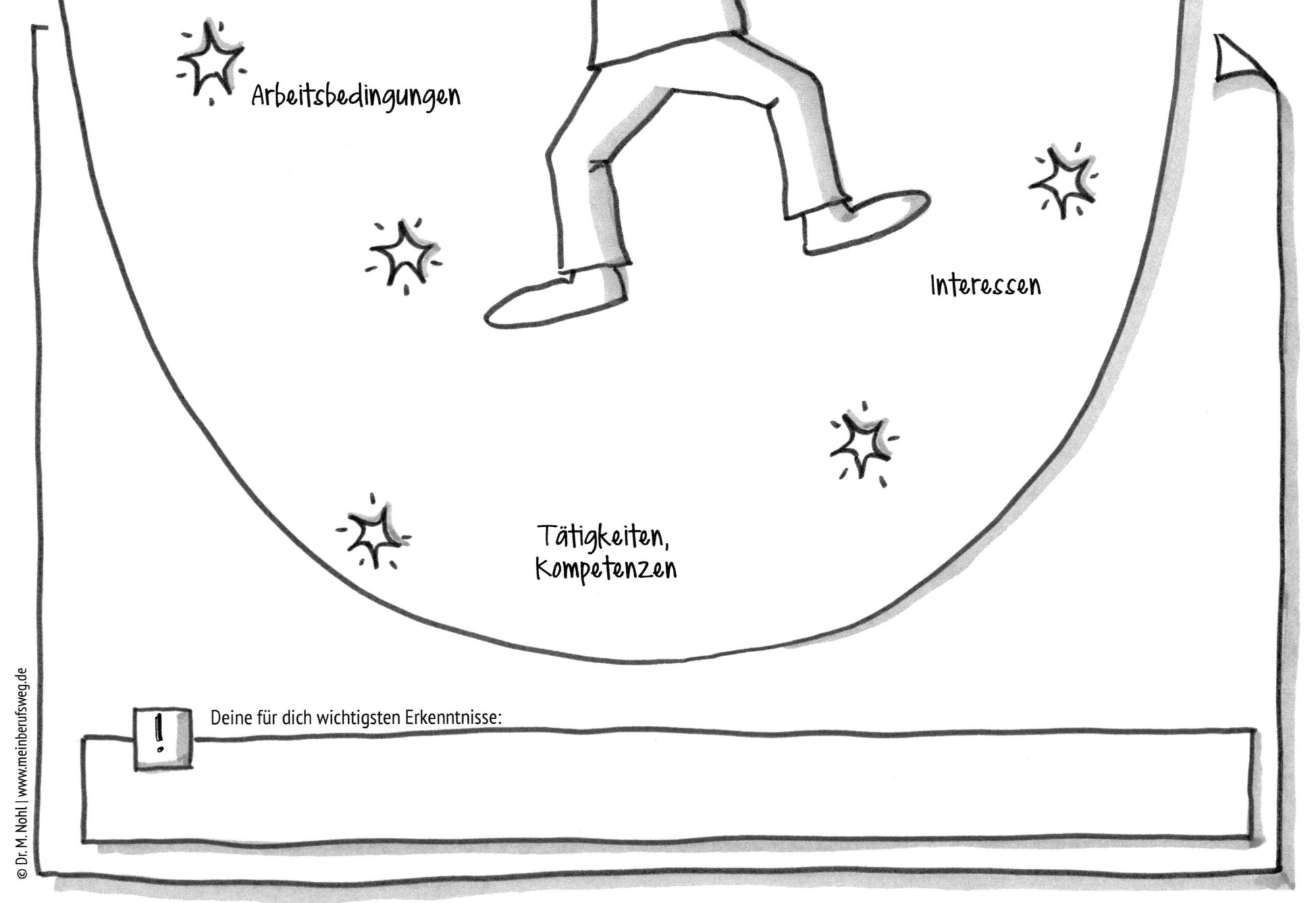

3. Zutaten für meine Zufriedenheit im Job

Schaue auf die wichtigsten Aspekte deiner Vision-Map, das sollten die Zutaten deiner zukünftigen beruflichen Tätigkeit sein. Trage jeweils einen Aspekt in die Kreise ein. Es ist auch völlig in Ordnung, wenn du nur 5 bis 7 Hauptzutaten hier hinein schreibst. Markiere dann im Reagenzglas, wie stark die Zutat in deinem jetzigen Job schon „gefüllt" bzw. „bedient" ist.

3. Job-Redesign

Wenn du deinen Job nach deinen jetzigen Erkenntnissen umbauen könntest, wie würde er aussehen? Vielleicht ist die Reise mit deinem Workbook hier schon zu Ende, weil du siehst, dass die Anpassungen durchaus realistisch sein können. Vielleicht bist du aber auch neugierig weiterzuschauen, was für dich noch möglich wäre?

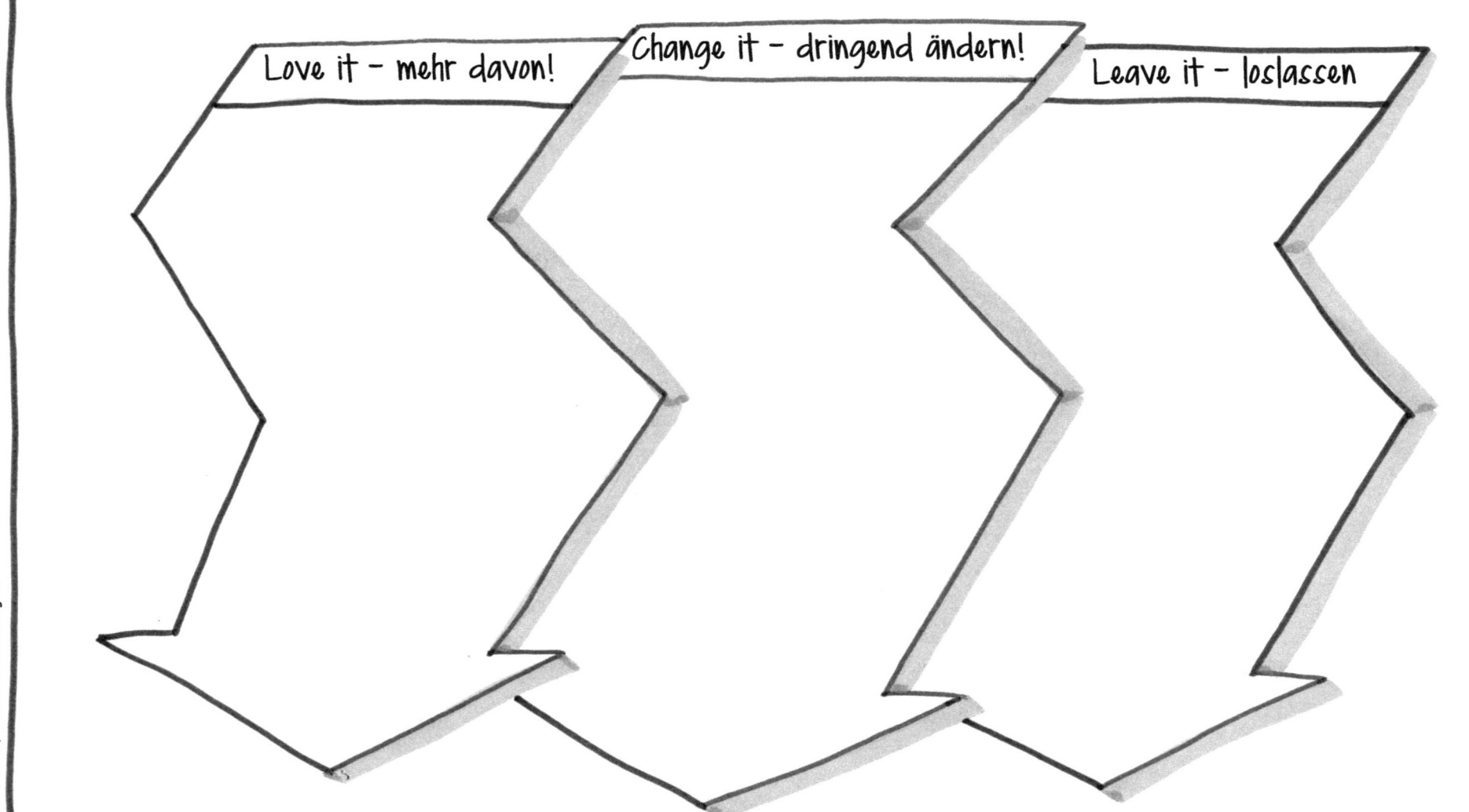

Love it – mehr davon!

Change it – dringend ändern!

Leave it – loslassen

4 Jobideen entwickeln

„Happiness ist not something ready made. It comes from your actions."
— Dalai Lama

Das uralte Gesetz der Gestaltung besagt: **„Das Ganze ist mehr als die Summe seiner Teile."**

Nun geht es an die Gesamtkomposition, an das, was dein erfülltes Berufsleben ausmacht. Hast du schon mal versucht, Mehl, Zucker, Butter und Eier getrennt zu essen? Das richtige Kuchefeeling entsteht damit noch nicht…
Genauso ist es ein kreativer, fast magischer Prozess, den individuellen Job zuzubereiten. Niemand ist wie du. Also werden deine Lösungen einzigartig sein.

Gibt es nur einen Entwurf?

Nein – genauso, wie du aus den gleichen Zutaten unterschiedliche Gerichte kochen oder backen kannst, gibt es auch unterschiedliche Jobentwürfe für dich. Und du darfst wählen, welcher dir in der aktuellen Lebensphase am besten schmeckt und sich vielleicht am leichtesten umsetzen lässt.

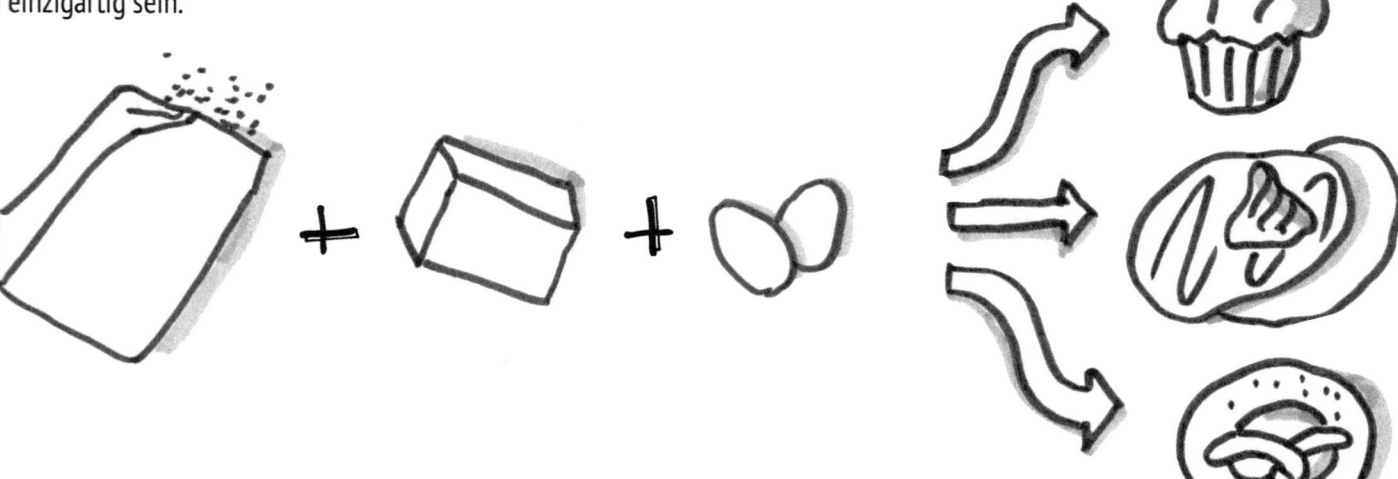

4. Von Tätigkeiten zu Jobideen

Gestalte einen Ideen-Cluster zu einer Tätigkeit, die dich in den Flow bringt (s. Seite 26 od. 27). Assoziiere frei von der Mitte aus, gehe von den Knotenpunkten einfach weiter. Die neue Assoziation muss keine Verbindung mehr zur Mitte haben. Male weitere Äste dazu und verfahre auf die gleiche Weise. Führe mehrere Cluster mit deinen Lieblingstätigkeiten aus.

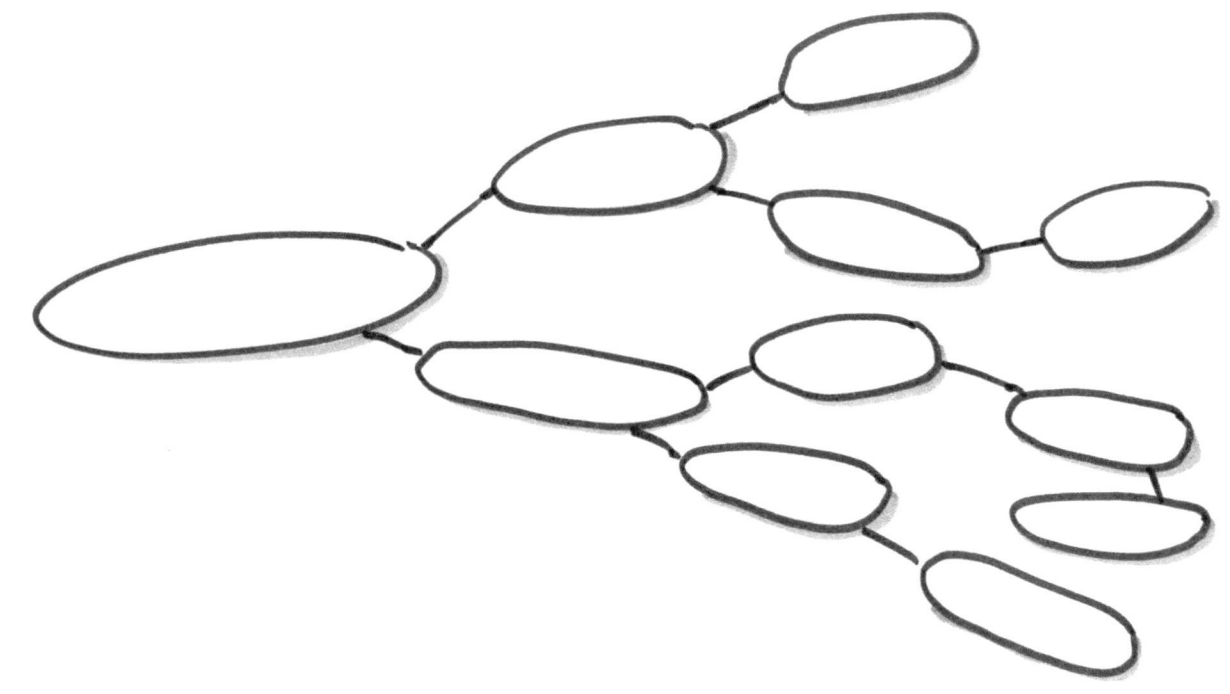

Und hier gleich nochmal, immer von innen nach außen assoziieren und gerne weitere Äste ergänzen.

Und eine Runde geht noch, oder?

Suche dir dann aus der äußersten Zone eines Clusters 3 Aspekte, die dich irgendwie anspringen, trag sie in die Schildchen ein. Dann entwickle daraus gerne auch verrückte Jobideen.

Beschreibe den Job kurz, finde eine Jobbezeichnung und male eine kleine Skizze dazu (Ja, auch wenn du nicht zeichnen kannst, mach's trotzdem ;-)

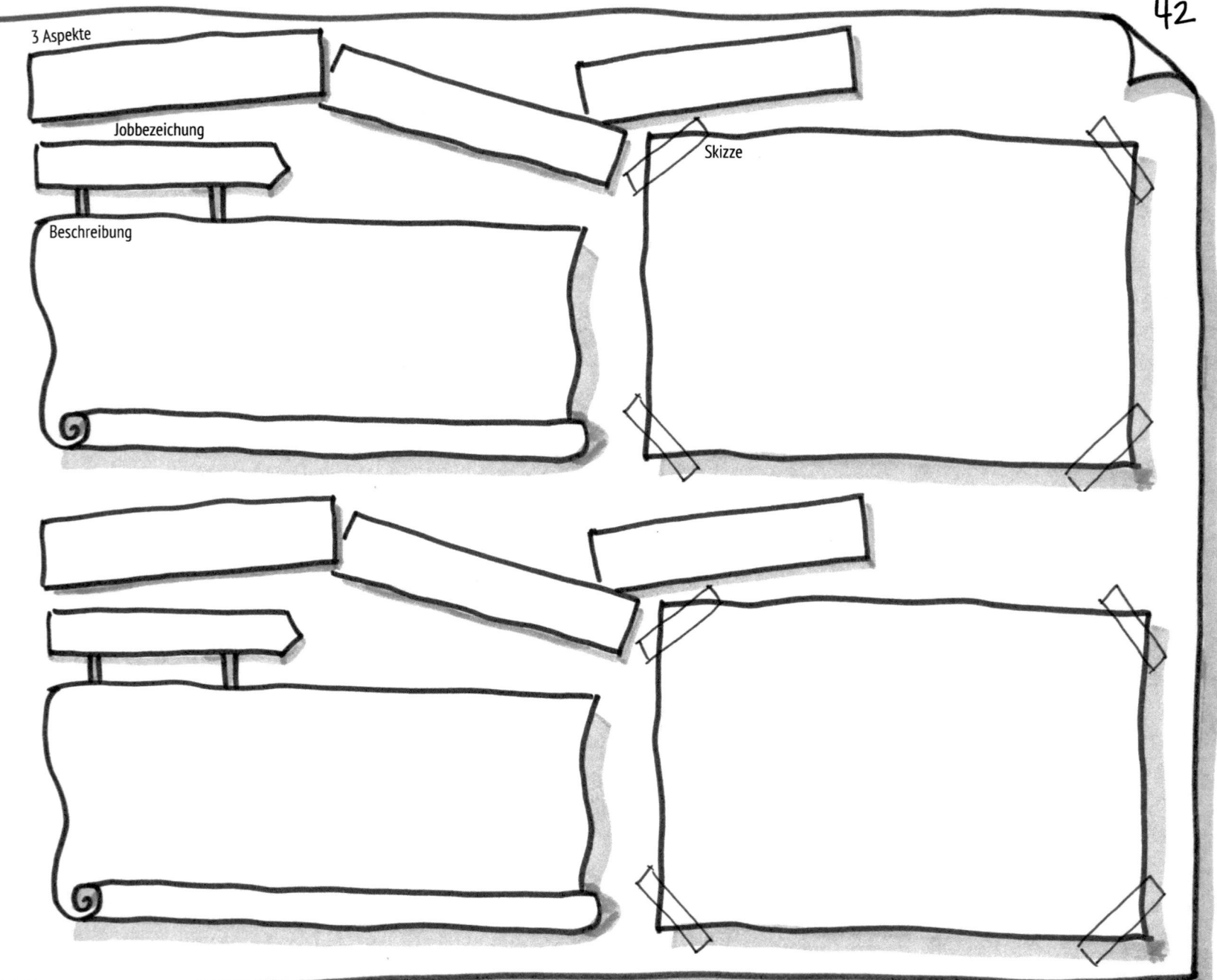

3 Aspekte

Jobbezeichnung

Beschreibung

Skizze

Fantasiere hier gerne noch zwei Runden weiter – es lohnt sich!

4. Das Leben vorwärts entwerfen

Zu den Reglern:

Ressourcen: Sind alle Eigenschaften, Vorraussetzungen, Kompetenzen vorhanden?

Machbar: Habe ich die notwendige Zeit, Geld und Kenntnisse oder kann sie erwerben?

Stimmig: Passt es zu meiner Lebenssituation und zu meinem Umfeld?

Lust: Brenne ich dafür? Packt es mich?

Du bist jetzt mental gut vorbereitet. Dein Unterbewusstsein ist mit vielen guten Bestandteilen „gefüttert", um brauchbare Ideen auszugeben. Bitte bleib im spielerischen Modus. Du arbeitest nur auf Papier, alles ist erlaubt!

Denke verschiedene Optionen in die Zukunft

1. Beginne damit, den Job, den du gerade ausübst, auf die nächsten fünf Jahre weiterzudenken. Alternativ, wenn du arbeitssuchend bist, wähle die erste Idee, die du gerne umsetzen würdest.
2. Wenn du fertig bist, stelle dir vor, Option 1 würde komplett wegbrechen – wie würdest du dann leben, arbeiten und dein Geld verdienen?
3. Und nun stelle dir vor, du könntest frei wählen, Geld oder Image oder dein Umfeld würden keine Rolle spielen – wie sähe dein Plan für deinen zukünftigen Job dann aus?
4. Wenn du Spaß dran hast, arbeite noch weitere Optionen durch.

Und ganz praktisch?

- Entwickle eine visuelle Timeline inklusive privater Ereignisse und Ziele.
- Erfinde einen Titel aus ca. 6 Wörtern, der den Kern der Option plakativ beschreibt (vielleicht im Stil der Bildzeitung?).
- Formuliere 3 Fragen, die bei jeder Option noch offen sind.
- Zeichne in die Anzeigen ein, wie hoch der Ausschlag jeweils ist.

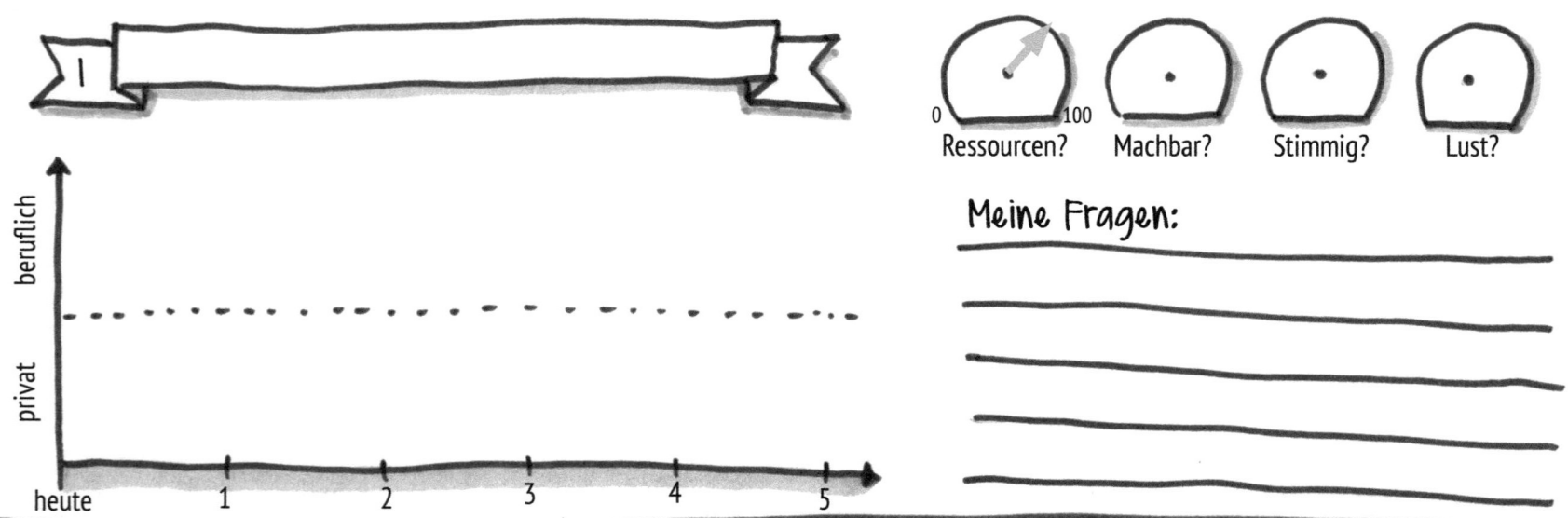

Ressourcen? Machbar? Stimmig? Lust?

Meine Fragen:

2

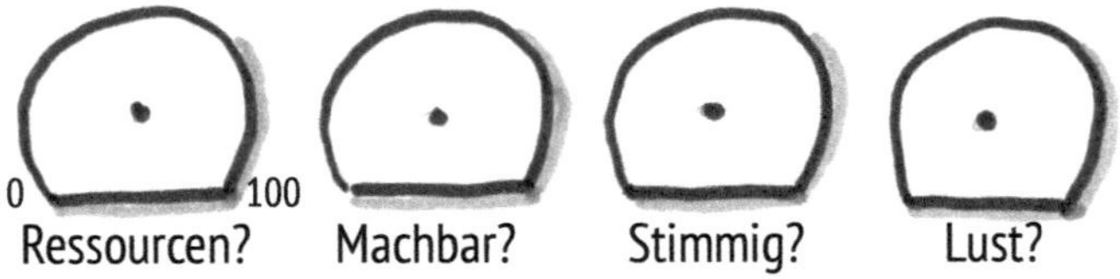

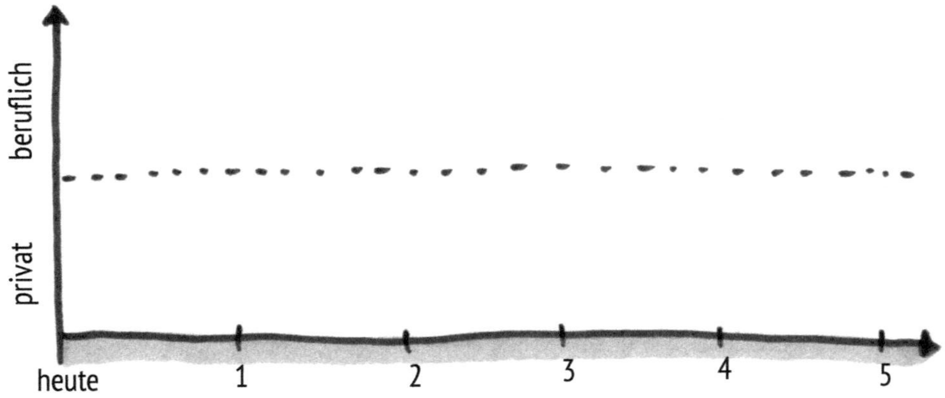

| Ressourcen? | Machbar? | Stimmig? | Lust? |
0 — 100

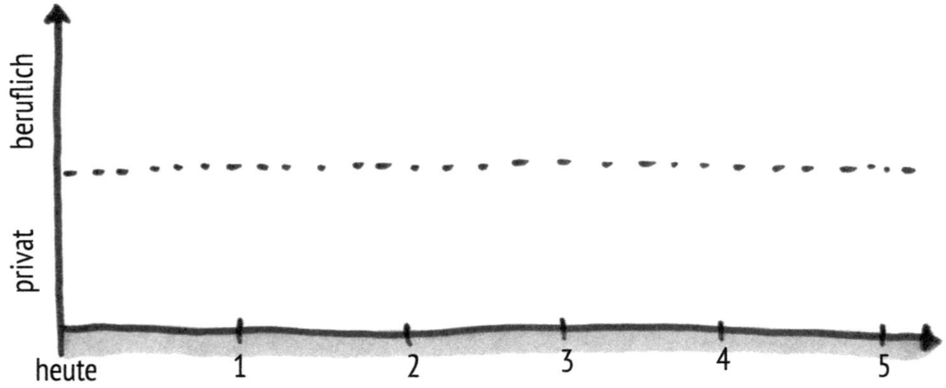

Meine Fragen:
_____
_____
_____
_____
_____

beruflich / privat — heute 1 2 3 4 5

3

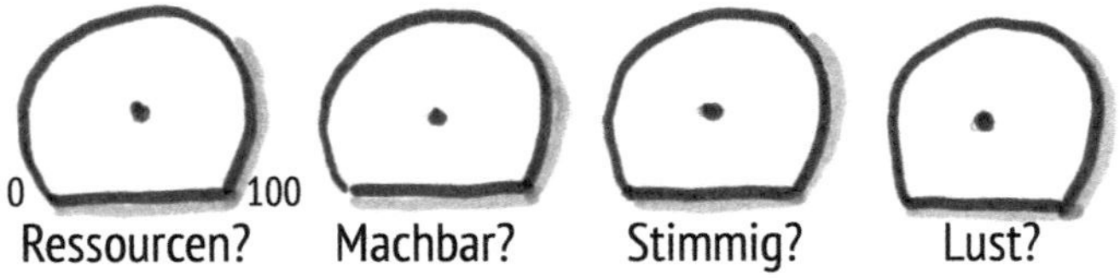

| Ressourcen? | Machbar? | Stimmig? | Lust? |
0 — 100

Meine Fragen:
_____
_____
_____
_____
_____

beruflich / privat — heute 1 2 3 4 5

Und denke hier gerne noch zwei der selbsterfundenen Jobs von S. 42/43 weiter.

4

beruflich | privat
heute — 1 — 2 — 3 — 4 — 5

Ressourcen? (0–100) | Machbar? | Stimmig? | Lust?

Meine Fragen:
_____
_____
_____
_____
_____

5

beruflich | privat
heute — 1 — 2 — 3 — 4 — 5

Ressourcen? (0–100) | Machbar? | Stimmig? | Lust?

Meine Fragen:
_____
_____
_____
_____
_____

4. Mein Portfolio

Denke wie ein Ich-Unternehmer. Welches Produkt, welche Dienstleistung, welche einzigartige Jobidee könnte ein Mensch mit diesem Profil anbieten oder tun? Zeige dein Portfolio auch einigen wohlwollenden Freunden oder Verwandten, und frage, was ihnen spontan einfällt, was du beruflich tun könntest..

- Kompetenzen, Tätigkeiten
- Interessen, Leidenschaften, Werte
- Partner, Netzwerk
- Leistung, Problemlösung, Nutzen für die anderen
- Kunden, Zielgruppe
- bevorzugte Kommunikationskanäle
- Kosten (materiell und im übertragenen Sinn)
- Nutzen, Gewinn für dich

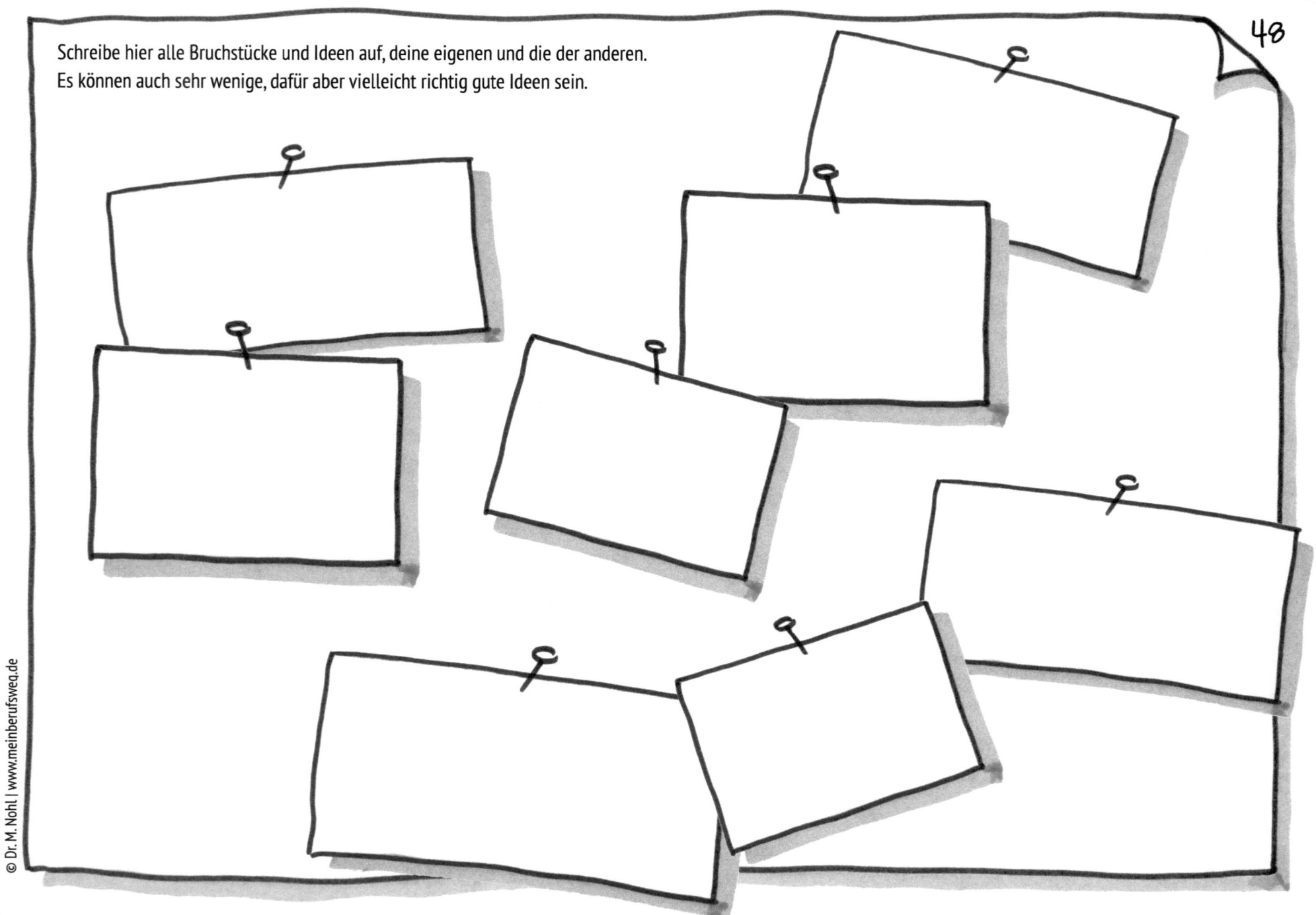

4. Facebook-Gruppe „Design your Job"

Gib dein Profil (wenn du magst) als eingescanntes Bild in unsere Facebook-Gruppe und lass dich mit weiteren Ideen beschenken.

5 Optionen wählen

Irgendwann ist immer die Zeit für eine erste Entscheidung gekommen. Und es ist tatsächlich nur eine erste Entscheidung. Nach dem Praxistest im nächsten Kapitel weißt du mehr und kannst noch fundierter entscheiden.

Bei wichtigen Entscheidungen solltest du immer deine beiden Entscheidungssysteme einsetzen: Die Kognition und die Intuition, also das Kopf- und das Bauchhirn. Allerdings gibt es hier eine wichtige Spielregel zu beachten. Die Intution kann dir nur gute Ergebnisse liefern, wenn sie umfassend informiert wurde. Versuche also so viel wie möglich über deine Optionen in dieser ersten Runde herauszufinden. Wenn du dann auf dein Körpergefühl hörst, wird es dir zuverlässige Rückmeldung geben:

Entweder durch ein Wohlsein, das sich z.B. in Weite, Wärme oder Lichtempfindungen ausdrücken kann. Du merkst, dass dir die Option als ganzer Person gefällt. Oder du spürst ein Unwohlsein, das sich z.B. in Schwere, Enge, Druck etc. äußert, weil irgendetwas an der Option nicht zu dir passt. Verwechsle diese Unwohlsein-Gefühle aber nicht mit der Erwartungsspannung, der kleinen Schwester der Angst, die eine unbekannte Option – so sehr sie dich reizt – immer mitbringt.

Wenn du in einer Entscheidung nicht weiterkommst, tu etwas ganz anderes, schlafe, dusche, geh' spazieren und gib der Information, die du deinem System „gefüttert" hast, Zeit zu wirken und zu einer Lösung zu finden. Irgendwann ist sie dann da ;-)

Du wirst in diesem Kapitel Argumente gegeneinander abwägen, deine im letzten Kapitel erarbeiteten Kriterien verwenden, um erste Jobideen zu prüfen und du wirst bewusst deine Intuition befragen. Wenn dir das alleine zu ungewohnt ist, lass dich von einem erfahrenen Coach begleiten.

Wenn du gar nicht so genau weißt, wie dein zukünftiger Job heißen soll, arbeite weiter mit den Arbeitstiteln. Du wirst dich der Realität dieser Jobidee im kommenden Kapitel noch mehr annähern, um dann zu wissen, was du willst.

Ich hatte diese Vision, dass ich „Talentsucherin" und so etwas wie „Entwicklungshelferin" werden wollte, übrigens viele Jahre vor „Deutschland sucht den Superstar". Schließlich habe ich als Laufbahnberaterin das passende Berufsbild dafür gefunden, von dessen Existenz ich keine Ahnung hatte…

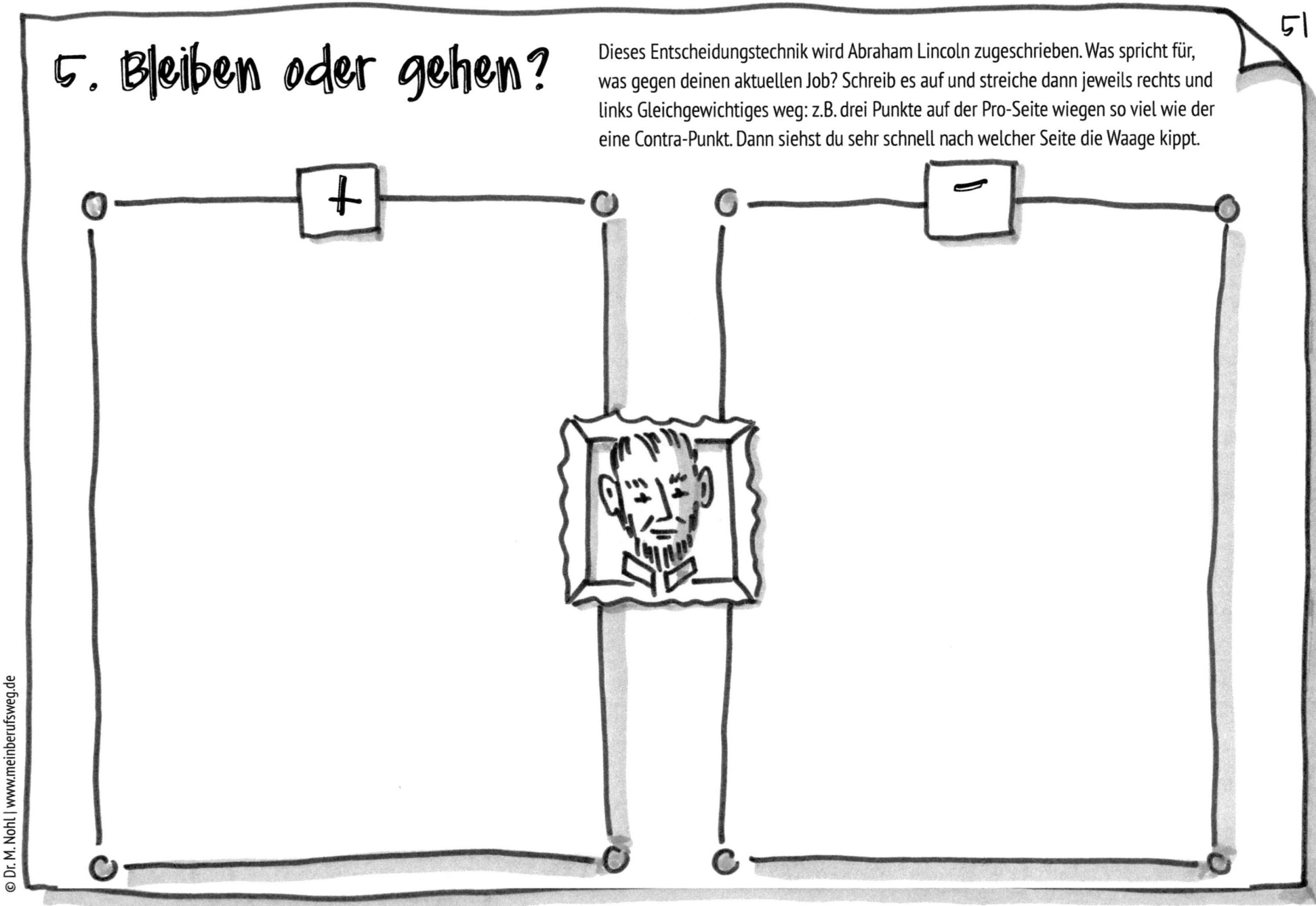

5. Bleiben oder gehen?

Dieses Entscheidungstechnik wird Abraham Lincoln zugeschrieben. Was spricht für, was gegen deinen aktuellen Job? Schreib es auf und streiche dann jeweils rechts und links Gleichgewichtiges weg: z.B. drei Punkte auf der Pro-Seite wiegen so viel wie der eine Contra-Punkt. Dann siehst du sehr schnell nach welcher Seite die Waage kippt.

5. Jobideen einschätzen

Schreibe deine vielversprechendsten Jobideen mit Titel jeweils in eine Auswertungsreihe. Schreibe in das Feld darunter einige Bemerkungen dazu, was für dich an der Idee wichtig ist. Dann beginne mit der Bewertung: Nummeriere deine Schlüsselzutaten von Seite 36. Vergib für jedes Element von 0 bis 3 Punkten – ist es bei der Jobidee eher erfüllt/gegeben oder eher nicht. Zähle die Punkte zusammen. Bewerte die Idee dann noch einmal emotional mit den Reglern.

①

Titel

Bemerkungen

Gewichtung Schlüsselzutaten   Summe

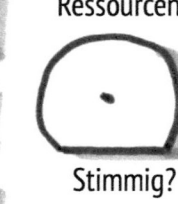 Ressourcen?   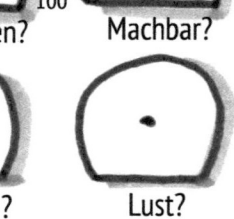 Machbar?

Stimmig?   Lust?

②

 Ressourcen?    Machbar?

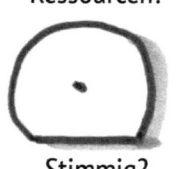 Stimmig?   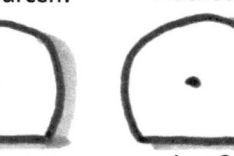 Lust?

Und hier geht's weiter mit Idee Nr. 3 und 4.

3

Ressourcen? Machbar? Stimmig? Lust?

4

Ressourcen? Machbar? Stimmig? Lust?

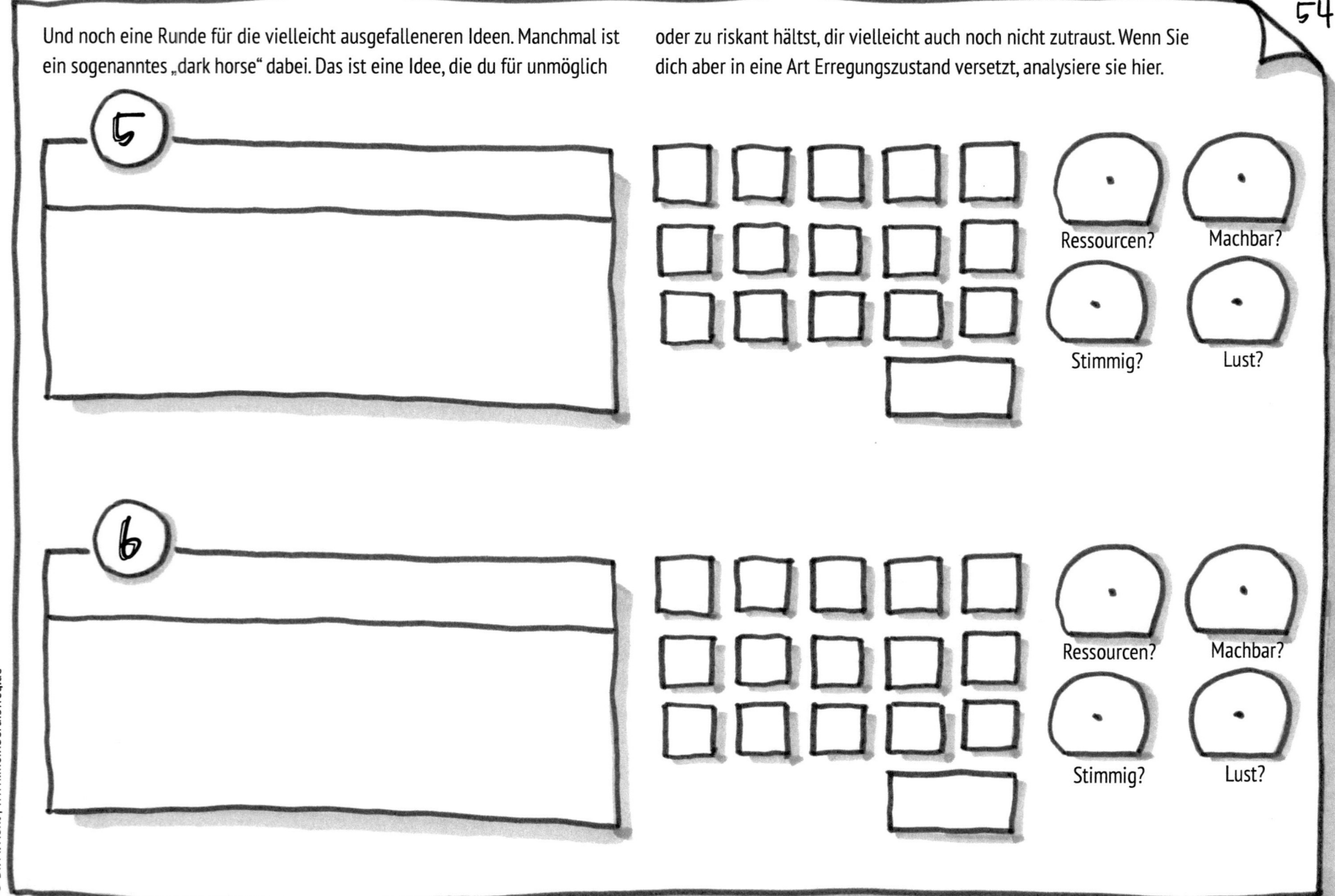

5. Optionen Talk

Wenn unsere Intuition mit ausreichend Informationen versorgt worden ist, liefert sie über Körperempfindungen sehr zuverlässige Ergebnisse.

Jetzt wird es wirklich abgefahren. Aber probier's aus, meistens funktioniert's ;-). Du benötigst dafür ein bisschen Ruhe, damit du dich gut konzentrieren kannst und auch die leisen Töne wahrnimmst.

Schreibe deine Job-Optionen-Favoriten jeweils auf einen DIN A4-Zettel. Schreib' deinen Vornamen ebenfalls auf einen Zettel. Dann lege jeweils eine Jobidee auf den Boden. Stell dich auf das Blatt (ja wirklich mitten drauf). Stell dir vor, du arbeitest in diesem Job. Wie fühlt sich das an? Gibt es Körperempfindungen an bestimmten Stellen? Sind sie eher positiv oder eher negativ einzuschätzen?

Lege dann dein Namensblatt in die Nähe der Jobidee. Stell dich drauf. Schau nun von außen auf die Jobidee. Passt sie zu dir? Kannst du dich mit ihr (dem Image, der Profession, dem Arbeitsumfeld, den Menschen, dem Arbeitsmaterial, dem Status etc.) längerfristig identifizieren?

Gehe noch einen Schritt weiter. Stell dich wieder auf die Jobidee und schau deinen Namenszettel als Stellvertreter für dich an. Frage nun innerlich, ob die Jobidee dir irgendetwas sagen will. Schau einfach, was an Botschaften auftaucht. Wenn es etwas Interessantes und Wichtiges ist, schreibe oder zeichne es auf der nächsten Seite auf.

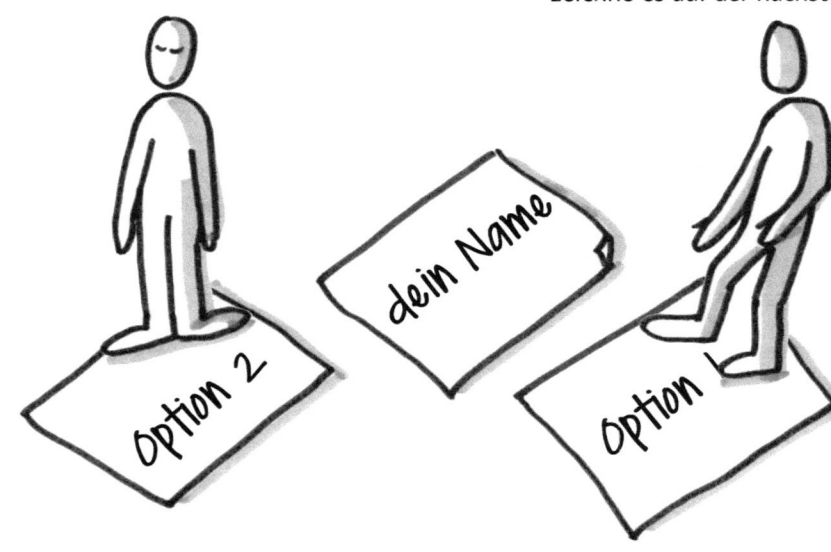

Option 1	Option 2
Option 3	Option 4

5. Vorbilder

Schreibe die Namen einiger Menschen, die du bewunderst in die Labels. Wenn du sie in deiner aktuellen Situation um Rat fragen würdest, was antworten Sie dir? Wie würden sie sich entscheiden? Schreibe alles in die Sprechblasen.

! Was nimmst du für dich davon mit auf deinen Weg?

5. Kassensturz für mehr Freiheit

Bevor du dich auf den Weg in größere Veränderungen machst, ist es gut, deine finanzielle Lage ehrlich zu sichten. Schreibe hier auf, was du aktuell verbrauchst und was du wirklich brauchst. Meistens kommen wir mit viel weniger Geld klar, wenn wir insgesamt glücklicher leben und arbeiten.

Das verbrauche ich aktuell | **Das würde reichen**

- Essen
- Wohnen
- Kleidung
- Telefon, Internet
- Freizeit, Sport, Kultur
- Verkehrsmittel
- Steuern, Gebühren
- Versicherungen, priv. Altersvorsorge
- Urlaub
- Kinder, Eltern
- Sparen
- Sonstiges

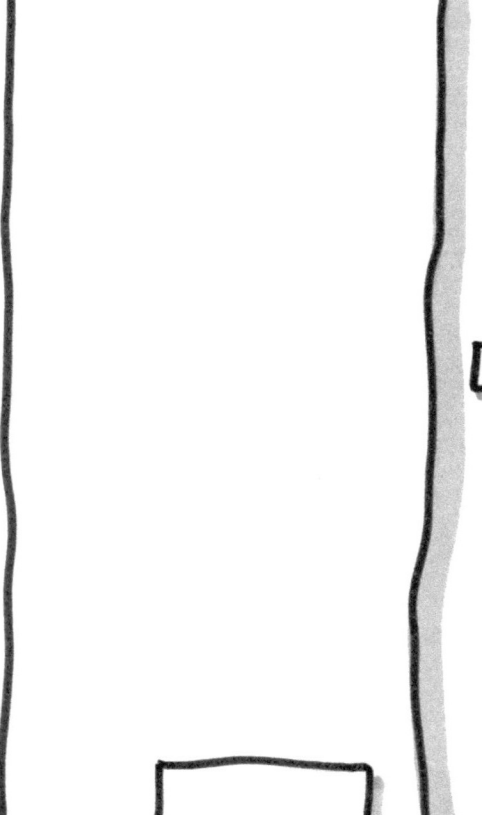

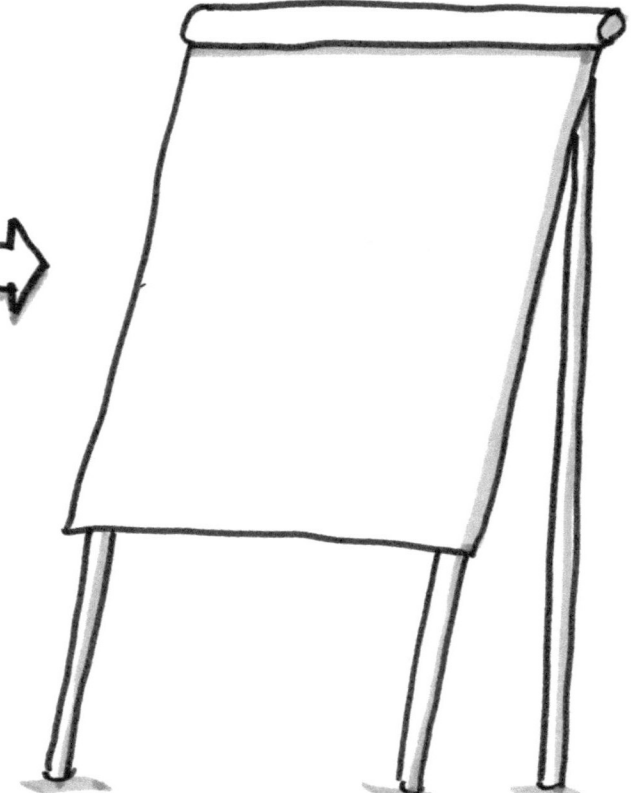

Mini-Max-Ideen für mehr Lebensqualität

5. Die Sieger

Küre hier die Sieger aus den vorangegangenen Übungen, schreibe den vorläufigen Job-Titel auf die Treppchen. Passt das Punkte-Ergebnis auch zu deinem Bauchgefühl und Gesamteindruck? Mit diesen Jobideen wirst du voraussichtlich weiterarbeiten. Greife aber auch gerne auf niedriger gerankte Jobideen zurück, wenn du dich für sie begeistern kannst, auch wenn sie nicht sofort umzusetzen sind.

Prototypen entwickeln

Warum du jetzt Insider-Informationen einholen solltest:

▷ **Es gibt keinen kürzeren und ergiebigeren Weg, als mit Menschen zu sprechen, die sich auskennen.**

▷ Die meisten Menschen googeln und denken, da gibt es nichts, was es nicht gibt. Das stimmt gerade bei Detailinfos nicht.

▷ Über die Gespräche mit Insidern kannst du deine Informationen schnell innerlich sortieren und gewichten, sonst versinkst du auch mal gerne im Infodschungel.

▷ Menschen, die von ihrer Arbeit begeistert sind, sprechen gerne darüber und nehmen sich die Zeit für dich. Stelle dir einfach vor, du fragst jemand nach dem Weg, da sagt auch niemand „nein".

▷ Auch durch die Interviews bekommst du Ideen für erste Anknüpfungspunkte und Prototypen.

Warum du deine zukünftige Jobidee zuerst mit Prototypen ausprobieren solltest:

▷ **Sich eine Arbeit vorzustellen und sie am eigenen Leib zu erfahren sind zwei völlig unterschiedliche Dinge.**

▷ Mit Prototypen machst du deine Jobidee konkreter. Sie gewinnt an Form und Farbe und du weißt, was du umsetzen möchtest.

▷ Du verschwendest keine wertvolle Lebenszeit und -energie, weil du über Prototypen schnell und zugespitzt merkst, ob du die Idee weitertreiben oder fallenlassen möchtest.

▷ Über Prototypen erwirbst du erste belegbare Joberfahrungen in neuen Branchen oder beruflichen Feldern, mit denen du dann in Jobinterviews oder Bewerbungen punkten kannst.

▷ Prototypen werden oft zu unerwarteten Möglichkeiten und helfen dem Zufall auf die Sprünge.

6. Jobideen-Interviews

Beispiel-Fragen

- Wie sieht ein normaler Arbeitstag bei Ihnen aus?
- Wie war Ihr Werdegang, wie kamen Sie zu dem Job?
- Was muss man Besonderes können?
- Wie sollte man „gestrickt" sein, um diesen Job gut ausüben zu können?
- Welche Weiterbildungen können Sie mir empfehlen?
- Gibt es besondere Netzwerke, Verbände, bei denen ich mich noch informieren kann?
- Mit wem sollte ich unbedingt noch sprechen?

1. Recherchiere Menschen, die das oder etwas sehr Ähnliches tun, was du vorhast. Hier kannst du auch Plattformen wie XING oder Facebook nutzen, da werden dir schon Verbindungen über zwei Ecken angezeigt.
2. Überlege, ob es jemanden gibt, der den Kontakt für dich herstellen kann.
3. Erstelle eine Fragenliste mit allem, was du wissen möchtest. Beispielfragen findest du links.
4. Wenn du die Kontaktdaten hast, rufe die Person an und bitte um 10 Min. Gesprächszeit (oder wenn du in der Nähe wohnst eine 15 Min. Kaffeepause).

Hinweis!

- Ein Jobideen-Interview ist kein Bewerbungsgespräch. Du willst die Geschichte eines Menschen erfahren, aber er soll dir keinen Job vermitteln!
- Schreibe am nächsten Tag eine Danke-Mail oder Postkarte.

Jobtitel	Kontaktmedium	Name Zwischenperson	Wann?	Name Kontaktperson	Wann?
Zusatzfragen					

Jobtitel		Kontaktmedium	Name Zwischenperson	Wann?	Name Kontaktperson	Wann?
Zusatzfragen						

Jobtitel		Kontaktmedium	Name Zwischenperson	Wann?	Name Kontaktperson	Wann?
Zusatzfragen						

6. Auswertung-Interviews

Trage in der Truhe deine wertvollen Erkenntnisse aus den Interviews für dich zusammen. Sammle außen herum, welche Fragen für dich noch offen sind.

6. Prototypen

Markere hier für dich spannende Prototypen an.
Wenn dir weitere Ideen einfallen, schreibe sie dazu.

- Vortrag oder Workshop halten
- Dienstleistung kostenlos anbieten
- Minipraktikum, Shadowing (Fachperson über die Schulter schauen)
- Urlaubs- oder Krankheitsvertretung
- Event, Ausstellung organisieren
- Werkstück, Produkte herstellen
- Als-ob-Strategie (gefühlt eine Woche so tun, als wäre man…)
- Blog oder E-Book schreiben
- Sabbatical für Herzensprojekt nehmen
- Ehrenamt
- Einen Tag in der Woche schon so arbeiten
- Videos drehen

6. Prototyp Brainstorming

Du kannst auch in unserer Facebook-Gruppe bitten, dir Prototypen-Ideen zu deiner beruflichen Idee zu geben.

Führe ein Brainstorming mit ein paar lösungsorientierten Menschen durch. Stelle Ihnen deine Jobidee vor und erkläre nochmal die wenigen Regeln für's Brainstorming.

1. Jeder schreibt seine Ideen erst einmal selbst auf (pro Idee ein Post-It).

2. Die Post-Its werden an einer Wand oder Tür zu Ideengruppen geclustert und bekommen einen plakativen Gruppentitel.

3. Hierbei werden parallel weitere Ideen generiert und passend einsortiert.

4. Ideen werden gezählt, es erfolgt gegenseitiges Schulterklopfen ;-)

5. Diskussion:
   - Welche ist die spannendste Idee, welche macht dich am meisten an?
   - Welche führt vermutlich am direktesten in ein glückliches Berufsleben?
   - Wenn es keine Beschränkungen gäbe, welche würdest du ausprobieren wollen?

6. Entscheide vor der Gruppe, mit welcher Protoypen-Idee du einsteigen möchtest. Committe dich unter Zeugen!

7. Frage nach Unterstützungsideen bei der praktischen Umsetzung. Triff Verabredungen zur Kontrolle.

Es ist durchaus realistisch, mehrere Prototypen auszuprobieren. Mehr als zwei parallel zu fahren, ist aber nicht ratsam.

Brainstorming-Regeln:
- Quantität <u>und</u> Qualität
- Vorerst keine Bewertung der Idee
- Trittbrettfahren gewünscht
- schräge/wilde Ideen erlaubt!

Meine erste Prototyp-Idee

6. Prototyp-Ideen

Lass deine Prototyp-Ideen fliegen. Selbst wenn du dich nach dem Brainstorming bereits für eine entschieden hast, mit der du anfangen willst, wirst du später gerne auf die Liste zurückgreifen, denn Prototypen machen zufällig auch noch Spaß! Schreibe alle Investitionen dazu, die du dafür tätigen musst.

Jobidee — Prototyp-Idee — Investition (vier Felder)

6. Mein Patchwork-Job I

Jetzt hast du einige tolle Jobideen näher unter die Lupe genommen. Und alles wirkt attraktiv? Vielleicht gehörst du auch zu den Menschen, die nur mit mehreren Jobs glücklich sind. Bei mir ist das auch so ;-) Möglicherweise bist du ein Multi-Potential oder Scanner-Typ, für den die Vielseitigkeit einfach zum Leben und Arbeiten dazu gehört. Baue dir auf dieser Seite dein individuelles Job-Patchwork, z.B. als Tortengrafik, als Baustein-System, als Puzzle. Denke noch nicht darüber nach, wie das in der Praxis umgesetzt werden kann. Geh' einfach vom Idealfall

Was war dir bisher vielleicht noch nicht so bewusst?

6. Mein Patchwork-Job 2

Skizziere hier noch eine Variante.

Was war dir bisher vielleicht noch nicht so bewusst?

7 Mein neuer Job

Wow, erst einmal toll, dass du so lange dabeigeblieben bist! Vermutlich merkst du selbst, dass sich die Dinge zu ordnen beginnen und sich einige wenige Ideen festigen oder immer mehr Gestalt annehmen.

Vermutlich hast du aber auch dieses flaue Gefühl im Bauch, weil du merkst, dass größere Veränderungen anstehen würden, wenn du den Ideen weiter nachgehst.

Und vielleicht bist du ganz frustriert, weil du siehst, dass der Job, den du eigentlich haben willst, nochmal eine 5-Jahres-Investition beispielsweise in ein Masterstudium plus anschließendem erneuten Berufseinstieg bedeuten würde. Und schließlich bis du ja nicht mehr die Jüngste mit 43, oder?

Ich will dich sehr ermutigen, hier nicht von deinem Weg abzubiegen. Denn du stehst jetzt mit all dem, was du herausgefunden hast, an der Schwelle zu einem erfüllteren Berufsleben. Einige entscheiden genau an der Stelle, dass der bisherige Job doch gar nicht so schlecht war im Vergleich zu dem Preis, den sie jetzt bezahlen müssen, um das nächste Level an Glück und Zufriedenheit zu erreichen – und wer kann schon garantieren, dass das klappt?

Ich überrede nie jemanden, denn die Selbstverantwortung und Hoheit über dein Leben hast du. Aber ich will dann auch kein Jammern mehr hören wegen all der Kompromisse, die du gerade machst. Die sind auch deine Entscheidung und oft einfach der Preis für ein ruhiges Leben in der Komfortzone.

Ich ermutige und verführe dich aber gerne, zum Beispiel mit dem Gedanken, dass das Leben noch einmal eine ganz neue Qualität gewinnt, wenn du aufbrichst, dein Potenzial entwickelst und endlich das Leben lebst, das dir vorschwebt. Vermutlich weißt du, dass Menschen auf dem Sterbebett die Dinge bereuen, die sie nicht versucht haben, und niemals die, die sie gewagt haben.

In diesem Kapitel wird auch das Thema Selbstständigkeit oder Teilselbstständigkeit gestreift. Es bietet gelegentlich mehr Chancen, dein eigenes Ding zu machen, ist aber oft auch mit einer höheren Investition beispielsweise an Energie, Durchhaltevermögen und Selbstdarstellung verbunden. Schau selbst, ob dein Kompetenzprofil zu einer selbstständigen Tätigkeit passt.

Aber es gibt auch noch das Kombimodell. Vielleicht willst du alles auf einmal und bist ein/e Patchworkarbeiter/in (s. S. 66)?

7. (Teil-)Selbstständig oder nicht?

Wenn du dich schon immer gefragt hast, ob eine Existenzgründung für dich möglich wäre, schau hier einmal näher an, was dagegen und was dafür spricht. Bedenke auch, es gibt sanfte Formen des Übergangs in die Selbstständigkeit, z.B. Bootstrapping als Teilzeitgründung mit geringem Kapitaleinsatz ohne Businessplan und Bankkredit. Wenn du jetzt schon weißt, das Thema ist nichts für dich, geh im Heft weiter auf S. 76.

Unsicherheit habe keine Geschäftsidee

Familienernährer? bin nicht so leistungsfähig

Was schreckt mich ab?

arbeite sowieso schon wie eine Selbstständige

selbstbestimmtes Arbeiten

zuhause arbeiten

Vereinbarkeit mit Kind?

Was reizt mich?

Was ist dir klar geworden? Schaue je nachdem entweder neugierig weiter auf den nächsten Seiten oder blättere jetzt zu S. 76.

7. Bin ich ein/e Unternehmer/in?

 Sammle hier Projekte und Situationen aus deinem Leben, in denen du schon mal unternehmerisch gehandelt hast, z.B. ein Großprojekt geplant und finanziert, einen Verein aufgebaut, eine Ausstellung/Messe organisiert etc.

 Schreibe hier alles auf, was du mitbringst, um möglicherweise eine guter Unternehmerin/ein guter Unternehmer sein zu können (z.B. Durchhaltevermögen, Kontaktfreudigkeit, Fähigkeit zu delegieren, Kreativität, Risikobereitschaft etc.)

7. Unternehmerische Idee I

Phantasiere auf den nächsten zwei Seiten mit Hilfe deines Profils von S. 47 und deiner Vision-Map von S. 34/35 und deiner Jobideen von S. 52ff, wie deine Geschäftsidee aussehen könnte. Fang dort im Kreis an, wo dir etwas einfällt.

7. Unternehmerische Idee 2

Hast du eventuell noch eine zweite Geschäftsidee?

- Mein Lösungsangebot
- Produkt, Dienstleistung
- Problem meiner Zielgruppe
- Das Besondere, Einzigartige, das man nur bei mir bekommt (mein USP)!
- Zielgruppe

7. Unternehmerische Idee als Prototyp testen

Was?   Wo?   Was?   Wo?

Für wen?   Wie?   Für wen?   Wie?

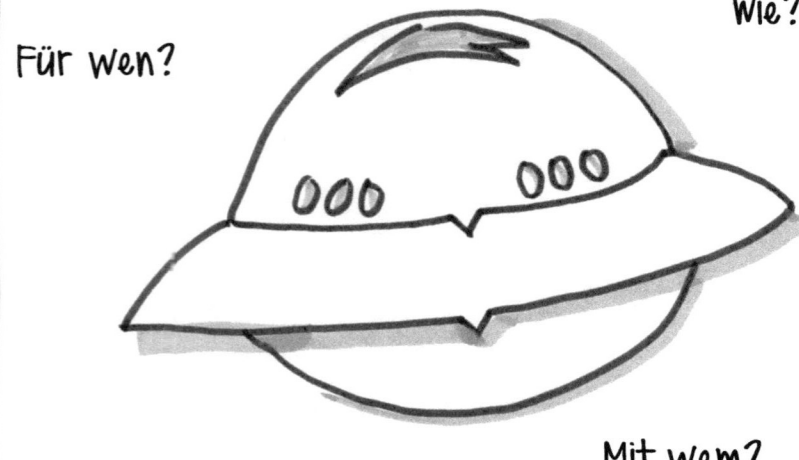   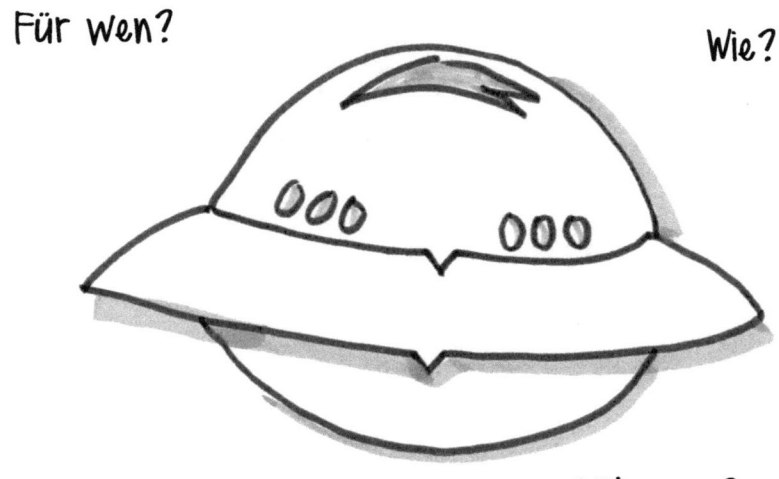

        Mit wem?   Mit wem?

Wann?   Wann?

7. Unternehmerische Idee prüfen

Notiere hier, welche Hindernisse auf dem Weg zu deinem neuen beruflichen Ziel auftreten könnten, wer dich dabei unterstützen könnte und welche Lösungsideen dabei entstehen.

Hindernisse/Probleme	Sprechen mit ...	Lösungsideen

Das hier kann nur ein erster Schritt sein. Wenn du ernsthaft über eine Gründung nachdenkst, sprich mit Gründungsberatern, wie es für dich weitergehen kann. Anlaufstellen können sein: Die IHK, Gründerzentren in größeren Städten oder dein Steuerberater. Führe aber gerne auch Interviews mit Menschen aus kleinen Startups, die mit wenig Kapital gegründet haben.

Buchtipps:

- Svenja Hofert: Das Slow-Grow-Prinzip: Lieber langsam wachsen, als schnell untergehen, GABAL 2011
- Brigitte und Ehrenfried Conta Gromberg: Smart Business Concepts, Selbstverlag 2015

7. Anschreiben vorbereiten

Sammle Stellenanzeigen, die dich ansprechen. Markere die Schlüsselwörter, die das Anforderungsprofil beschreiben. Wenn es zu viele sind, fasse sie zu Clustern zusammen und finde Oberbegriffe, bis du bei 7 bis 10 Aspekten bist. Schreibe diese hier in die Textlabels. Blättere dann auf S. 27 zu deinen Kernkompetenzen und sammle 1 bis 2 Belege dafür, dass du diese Profilanforderung erfüllen kannst. Beschreibe die Belege stichwortartig im größeren Feld. Nummeriere dann deine Aspekte in einer stimmigen Reihenfolge. Schreibe damit dein Anschreiben. Achte darauf stark zu beginnen und stark zu enden!

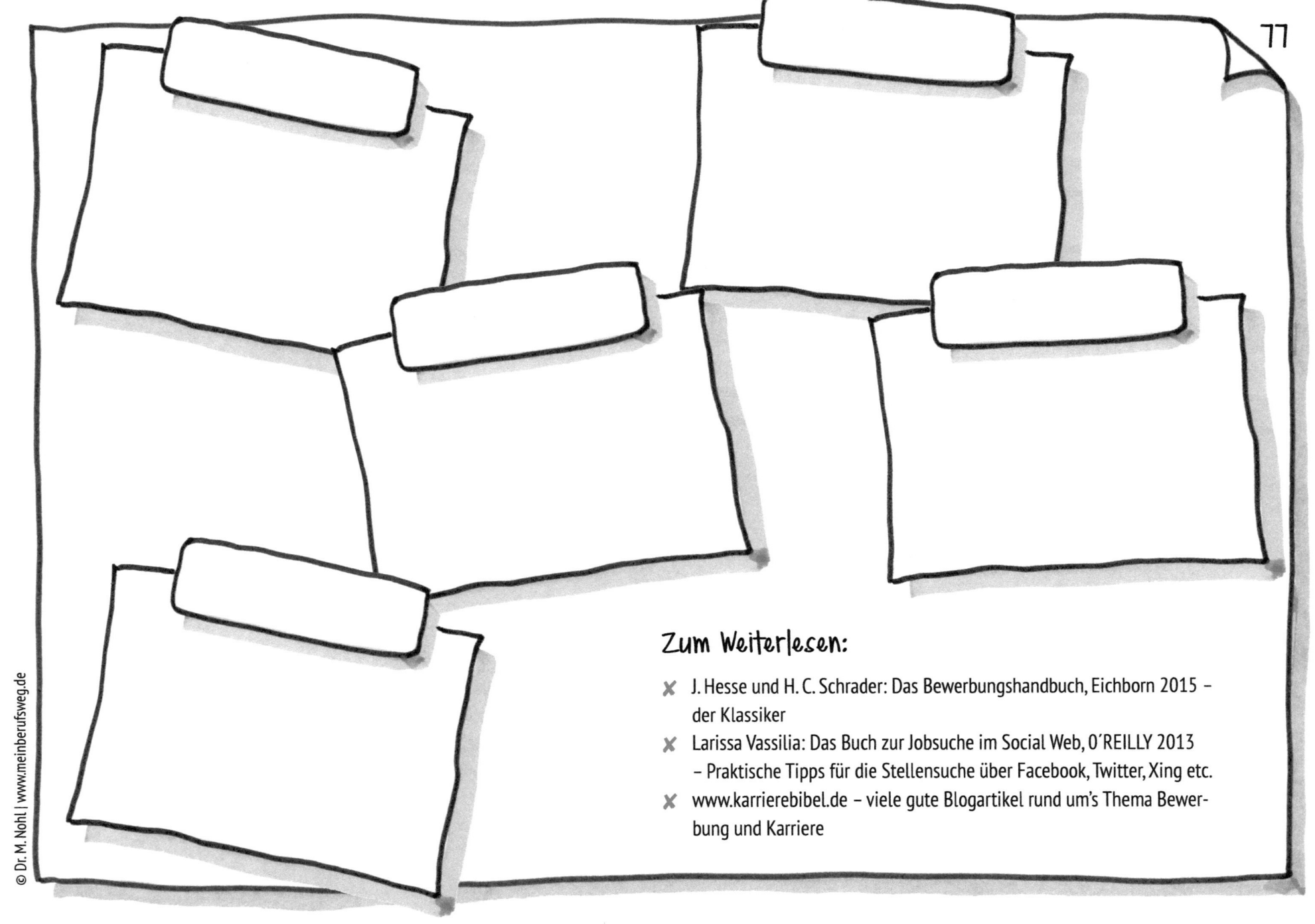

Zum Weiterlesen:

- J. Hesse und H. C. Schrader: Das Bewerbungshandbuch, Eichborn 2015 – der Klassiker
- Larissa Vassilia: Das Buch zur Jobsuche im Social Web, O´REILLY 2013 – Praktische Tipps für die Stellensuche über Facebook, Twitter, Xing etc.
- www.karrierebibel.de – viele gute Blogartikel rund um's Thema Bewerbung und Karriere

7. Schaffe deinen eigenen Job

Unternehmen:

Idee(n):

1. Recherchiere Unternehmen oder Organisationen oder Menschen, bei denen du gerne arbeiten und dich mit deiner Jobidee einbringen willst.

2. Versuche, dich in die aktuelle Situation des Unternehmens, der Abteilung oder der Person, die dich interessiert, hineinzudenken.

3. Woran arbeitet das Unternehmen vermutlich aktuell? Gibt es Probleme, die du identifizieren kannst? Wo liegt der „Kittelbrennfaktor" (was schafft gerade richtigen Druck)?

4. Nimm dir dein Profil von S. 47 und analysiere, ob du etwas zur Lösung der Probleme/Fragestellungen beitragen kannst.

5. Formuliere hierzu ein paar konkrete Projektideen. Achtung, dass du dabei wirklich etwas Neues findest, das noch dazu in der Unternehmenskultur möglich wäre.

6. Frage bei einem Entscheider an, ob er Zeit hat für ein Telefonat oder ein kürzeres Treffen, bei dem du ihm deine Ideen erst einmal in groben Zügen vorstellen kannst.

7. Vertraue darauf, dass sich daraus Gutes entwickelt. Die Haltung „Und wenn sie das nur klauen und mich nicht einstellen" ist kontraproduktiv ;-)

8. Lass dich überraschen. Vielleicht bekommst du nicht direkt ein Jobangebot, aber es werden sich andere Türen öffnen.

7. To Do's einmal anders

Irgendwann werden aus Träumen und Zielen To Do's, das lässt sich nicht vermeiden. Jetzt fängt der Spaß ja auch erst richtig an! Der Anfang ist aber immer etwas schwieriger, bis du wirklich in Bewegung bist (das kennst du vom Auto-Anschieben). Deswegen filtere deine To Do's, um die ein bis zwei wichtigen und richtigen zu finden, mit denen du leicht und tatkräftig loslegen kannst.

Hier sammelst du deine To Do's, die aktuell anstehen und die dich einen kräftigen Schritt nach vorne bringen.

Hier dürfen nur noch To do's stehen, auf die du (trotz der damit verbundenen Arbeit oder wegen der damit verbundenen Arbeit) Lust hast.

Hier dürfen nur To Do's hin, die dir zusätzlich relativ leicht fallen. Welche bleiben übrig? Übertrage sie auf S. 81 als Ziele (Targets).

Mist, es bleiben keine übrig? Dann denke nochmal über dein Jobprojekt oder deinen Prototyp nach, ob du tatsächlich die richtige Wahl getroffen hast ;-(

7. Meilensteine finden

Bevor wir in die exakte Zielplanung einsteigen, sammle doch schon mal Meilensteine, die vermutlich auf dem Weg zwischen deinem jetzigen Job und deinem potenziellen neuen Job liegen. Meilensteine kennst du als Zwischenziele oder -ergebnisse, die – wenn sie erreicht werden – auch gerne gefeiert werden dürfen. (Beispiele: 1. Bewerbung geschrieben; aktuelle Stellen umfänglich recherchiert; Weiterbildung gebucht; Infogespräch mit Experten XY geführt etc.) Denke dir jeweils eine Belohnung für den Meilenstein aus.

7. Goal-Setting

Wir Deutschen haben nur ein Wort für Ziel. Das führt gerne zu Missverständnissen, weil es mehrere Arten von Zielen gibt.

1. Es gibt das große Ziel (**Goal,** Mission, Vision), bei dir z.B. „glücklich als ... arbeiten" oder „einen guten Job im ... finden" oder „den Umweltschutz in Bayern voranbringen".
2. Zusätzlich benötigst du noch deinen **Purpose** (dein „Warum", Haltungsziel, Mottoziel), der besagt, warum du dein Ziel erreichen möchtest, um dein Unterbewusstsein mit ins Boot zu holen. Man kann es auch als die Motivation bezeichnen, die dich antreibt und in Bewegung bringt. Beginne z.B. mit „Ich liebe ..." oder „Mir ist enorm wichtig, dass ..."
3. Und du benötigst Etappenstrecken, also Zwischenziele (Meilensteine, s. S. 80) und kleine Handlungsziele (**Targets**), die du z.B. nach den bekannten SMART-Kriterien formulierst: S – spezifisch | M – messbar | A – aktionsorientiert | R – realistisch | T – terminiert.

Trage hier dein großes Ziel, deinen Purpose in einigen Stichworten, den ersten Meilenstein und deine ersten drei To Do's als SMART-Ziele formuliert ein.

Schreibe dann noch erste Hindernisse, die dir durch den Kopf gehen zu den Steinen. Füge gleich Lösungsideen dazu – wenn dir welche einfallen.

Mein großes Ziel

Purpose

7. Stimmen der Angst und des Zweifels

Bei jeder großen Veränderung gibt es jede Menge warnende Stimmen, die dich davon abhalten wollen. Welche Stimmen tauchen bei dir auf? Meist sind sie als Du-Botschaften formuliert: „Das schaffst du nie!" „Sei doch nicht lebensmüde, du hast es doch eigentlich ganz gut!" „Was soll denn deine Familie/dein Partner von dir denken, wenn du alles hinwirfst!" Nimm dir Zeit, hier wirklich alles aufzuschreiben – ja, auch dann, wenn es dir peinlich ist!

7. Versöhnung mit den Leibwächtern

Wenn du deine Stimmen einmal nicht genervt, sondern möglichst liebevoll anschaust, kannst du dann einzelne „Personen" identifizieren, die da sprechen? Gib ihnen Namen oder Jobbezeichnungen, z.B. „Die Unsichere", „der Trotzige", „der 5-Jährige", „der autoritäre Chef", „die Sicherheitsbeauftragte". Sie alle meinen es tatsächlich gut mit dir. Teilweise sind sie schon sehr lange bei dir und haben auf dich aufgepasst.

Allerdings sind manche aus der Zeit gefallen, sie wissen nicht mehr, was heute für dich richtig ist. Rede wertschätzend mit ihnen. Und schreibe deine Botschaft an sie zur jeweiligen „Person" in die Sprechblase. Zeige ihnen klar, dass du die Chefin/der Chef bist und nicht sie. Schicke sie auch einmal in den wohlverdienten Ruhestand, wenn du aktuell gar keine Verwendung für sie hast.

Hier sprichst du als Chef/Chefin!

7. Meine neue Geschichte

Wir gestalten unser Leben. Wir sind Autoren, Regisseurinnen und Schauspieler in einem. Die guten Geschichten laufen nie ganz glatt, der Held hat immer Hindernisse und Phasen der Verzweiflung zu überwinden. Aber er macht weiter und macht sein Ding, dafür lieben wir ihn. Schreibe eine Geschichte, in der du der Held/die Protagonistin bist. Wenn du nicht gerne frei schreibst, findest du hier ein kurzes „Strickmuster" für deine neue Geschichte. Schreibe hier so, als wäre dein großes Ziel schon erreicht. Es ist immer erst einmal eine Beta-Version. Durch das Weitererzählen wird sie reifen und sich immer mehr als Teil deiner neuen Identität anfühlen.

Mein Name ist .... Ich bin .... (Tätigkeit/Berufsbezeichnung) in .... (Arbeitsort).

Meinen persönlichen Stärken .... (3 Fähigkeiten, Werte, Eigenschaften als Substantive) setze ich beim/für .... ein (3 Lieblingstätigkeiten, mit denen du in den Flow kommst).

Dabei arbeite ich mit bei/an .... (Dienstleistung/Produkt/Arbeitsergebnis).

Damit helfe ich .... (Zielgruppe) .... (höheres Ziel/Problemlösung/Veränderung) zu erreichen/zu empfangen/zu werden.

Datum .... Unterschrift ....

Bevor du gehst...

Herzlichen Glückwunsch, dass du bis zu dieser Seite mitgegangen bist! Ich hoffe sehr, du bist viele Schritte auf dem Weg zu deinem erfüllten Berufsleben weitergekommen?

Über Feedback freue mich unter der E-Mail-Adresse:
mn@meinberufsweg.de
Auch wenn du weitere Unterstützung benötigst, bin ich über meine Website www.meinberufsweg.de zu finden.

Dieses Buch ist ein Selfpublishing-Workbook. Bitte unterstütze mich in seiner Verbreitung (wenn es dir gefallen hat) durch eine kleine **Rezension auf Amazon** oder durch die **Verbreitung in deinem Netzwerk**.

Vielleicht ist es auch als **Geschenk** für eine liebe Person geeignet, der du wünschst, dass sie mal „in die Pötte kommt" ;-)

Bye, bye, see you!

Schreibe hier gerne dein Motto oder Abschluss-Statement hinein. Was nimmst du mit?

Special offer... „Design your-Job-Coaching"

Mag sein, du fühlst dich noch nicht „fertig" oder nicht ausreichend sicher mit den Ergebnissen aus deinem Kritzelbuch. Deswegen gibt es das Spezialangebot für **eine Stunde Einzelcoaching** persönlich mit mir.

Wie gehen wir vor?

- Du meldest dich per Mail bei mir und wir vereinbaren einen Termin: Entweder persönlich bei mir in Heidelberg, per Telefon oder per Videokonferenz (Zoom).
- Du schickst mir einige Seiten aus dem Arbeitsheft per Foto oder Scan und deine Fragestellung per E-Mail.
- Wir arbeiten im persönlichen Laufbahncoaching an dem, was dir noch zum kraftvollen Durchstarten mit deiner neuen Jobidee fehlt.

144,- €
60 Minuten

Das bringt dir das Einzelcoaching:

▷ Die Absicherung deiner Idee.

▷ Meine Unterstützung als Sparringspartnerin, die nochmal professionell auf deinen Zukunftsentwurf schaut.

▷ Die Klärung letzter Fragen, bevor du wirksam loslegst.

▷ Wir planen die nächsten Schritte, damit du sicher starten kannst.

Literatur

Hier findest du einige Orientierungsbücher und Life-Design-Bücher von Kollegen und Kolleginnen, die ich empfehlen kann (völlig ungeordnet).

Titel	Autor	Verlag	Jahr	Beschreibung
Durchstarten zum Traumjob	Richard Nelson Bolles	Campus	2002	Grundlagenwerk Neuorientierung, Stellensuche, der Klassiker
Mach, was Du willst. Design Thinking fürs Leben	Bill Burnett, Dave Evans	Econ	2016	Die Kreativitäts-Großtechnik Design-Thinking wird hier auf den beruflichen Orientierungprozess übertragen, einige Übungen hast du hier kennengelernt
Das Job-Patchwork-Buch	Beate Westphal	Campus	2014	Für alle Klienten, die sich ihren Job individuell zusammenstellen möchten
Mach, was dir gefällt und verdien Geld damit	John Williams	Goldmann	2015	Der amerikanische Traum lässt grüßen, dennoch sehr inspirierend im Bezug auf die individuelle Jobgestaltung der Zukunft und wie du damit Geld verdienst
Der Job, der zu mir passt	Uta Glaubitz	Campus	2003	Eins der ersten Berufsorientierungsbücher, immer noch gut mit vielen Beispielen
Design the life you love	Ayse Birsel	Ten Speed	2015	Ein Kritzelbuch zum Life-Design einer Designerin, sie geht tatsächlich sehr allgemein an die Lebensgestaltung, die Metaphernarbeit mochte ich
Finde den Job, der dich glücklich macht	Angelika Gulder	Campus	2004	Auch ein Klassiker der Berufsfindung für Erwachsene, Begründerin des Karriere-Navigators (Kurz-Beratungskonzept)
Jetzt mal Butter bei die Fische!	Tom Diesbrock	Campus	2012	Der Autor führt kompetent durch den Orientierungsprozess – ohne falsche Versprechungen
Design your life	Robert Kötter, Markus Kusawe	Campus	2016	Die beiden Autoren übertragen Design-Thinking-Methoden auf die Berufsfindung
Draw your BIG IDEA	Nora Herting, Heather Willems	Chronicle	2016	Ein Kreativbuch, in dem du viel zeichnest, um deine Geschäftsidee zu finden
UZMO – denken mit dem Stift	Martin Haussmann	Redline	2014	Das beste Visualisierungsbuch, das ich kenne, für Einsteiger und Profis geeignet

Weitere Arbeitshefte der Autorin

Alle Arbeitshefte können über den Buchhandel oder Amazon bestellt werden.

ISBN-13: 978-3735740519 | 100 Seiten | 19,90 €

Heute ist kaum ein Job mehr sicher und die Arbeitgeber wünschen sich Arbeitnehmer, die permanent an ihrer Beschäftigungsfähigkeit („Employability") arbeiten. Das erfordert bestimmte Grundhaltungen und ein Mindset, bei dem es darum geht, sich kontinuierlich mit seiner beruflichen Laufbahn und seinen Entwicklungsmöglichkeiten auseinanderzusetzen.

Dieses Arbeitsheft bietet Ihnen dazu das notwendige Handwerkszeug zum Selbstcoaching. Mit Ihrem neuen beruflichen Identitätsentwurf können Sie dann auf dem Arbeitsmarkt selbstbewusst auftreten und Ihren zukünftigen Arbeitgeber kompetent von sich überzeugen.

ISBN-13: 978-3842354111 | 84 Seiten | 14,90 €

Übergänge und Veränderungsprozesse aller Art haben in der heutigen Zeit zugenommen. Kaum haben Sie sich in einem Lebensbereich eingerichtet, müssen Sie sich schon in einem anderen neu orientieren. Das ist reichlich anstrengend und gelingt nicht immer ohne professionelle Unterstützung.

Dieses Arbeitsheft hilft Ihnen bei der Bewältigung Ihrer (beruflichen) Übergänge. Es gibt Ihnen zahlreiche effektive Methoden und Übungen an die Hand, mit Hilfe derer Sie die Komplexität des Übergangsprozesses besser bewältigen können. Gleichzeitig entwickeln Sie Ihre Veränderungskompetenzen.

ISBN-13: 978-3848214228 | 100 Seiten | 13,90 €

In einer zunehmend unübersichtlicheren Welt mit unzähligen Möglichkeiten und Chancen ist es gar nicht mehr so einfach, die Frage zu beantworten: „Wer bin ich" oder „Wohin möchte ich mich noch entwickeln?"

Dieses Arbeitsheft bietet Ihnen die Chance, sich noch einmal grundlegend mit sich selbst zusammen- und auseinanderzusetzen. Es gibt Ihnen zahlreiche effektive Methoden und Übungen an die Hand, mit Hilfe derer Sie sich selbst mit ihren Gefühlen, Einstellungen und Beziehungen noch besser kennenlernen. So können Sie fundiert entscheiden, wie Sie leben wollen.

Wenn du tiefer eintauchen willst...

- ✘ Zwei Stunden Standortbestimmung, wir klären auch deinen Persönlichkeitstypus.
- ✘ Professionelles Arbeitsheft, mit dem du die Ergebnisse deiner Design your Job Übungen vertiefst und erweiterst.
- ✘ Du bekommst Begleitung von einer der führenden deutschen Laufbahncoachs mit über 20 Jahren Erfahrung.
- ✘ Am Durchbruch-Tag erntest du für dich 2-3 fundierte Jobideen – garantiert.

Laufbahncoaching „Classic"
Dein 8-Wochen-Programm

www.meinberufsweg.de

- ✘ Ein Retreat-Tag nur für dich und deinen Purpose, der deinem Leben Sinn und Richtung gibt.
- ✘ Kompakter und gleichzeitig sehr tiefer Prozess – du brauchst dafür nicht monatelang pilgern oder im Aschram sitzen, das geht auch anders!
- ✘ Inklusive deiner Lebensregeln, die dir helfen, ein fokussiertes und erfülltes Leben zu führen.
- ✘ Online oder in Präsenz in Heidelberg buchbar.

Dein Essenzcoaching
„Finde dein Warum/Purpose"

www.essenz-finden.de

Ausgefüllte Beispiele einiger nicht ganz selbsterklärenden Übungen: 90

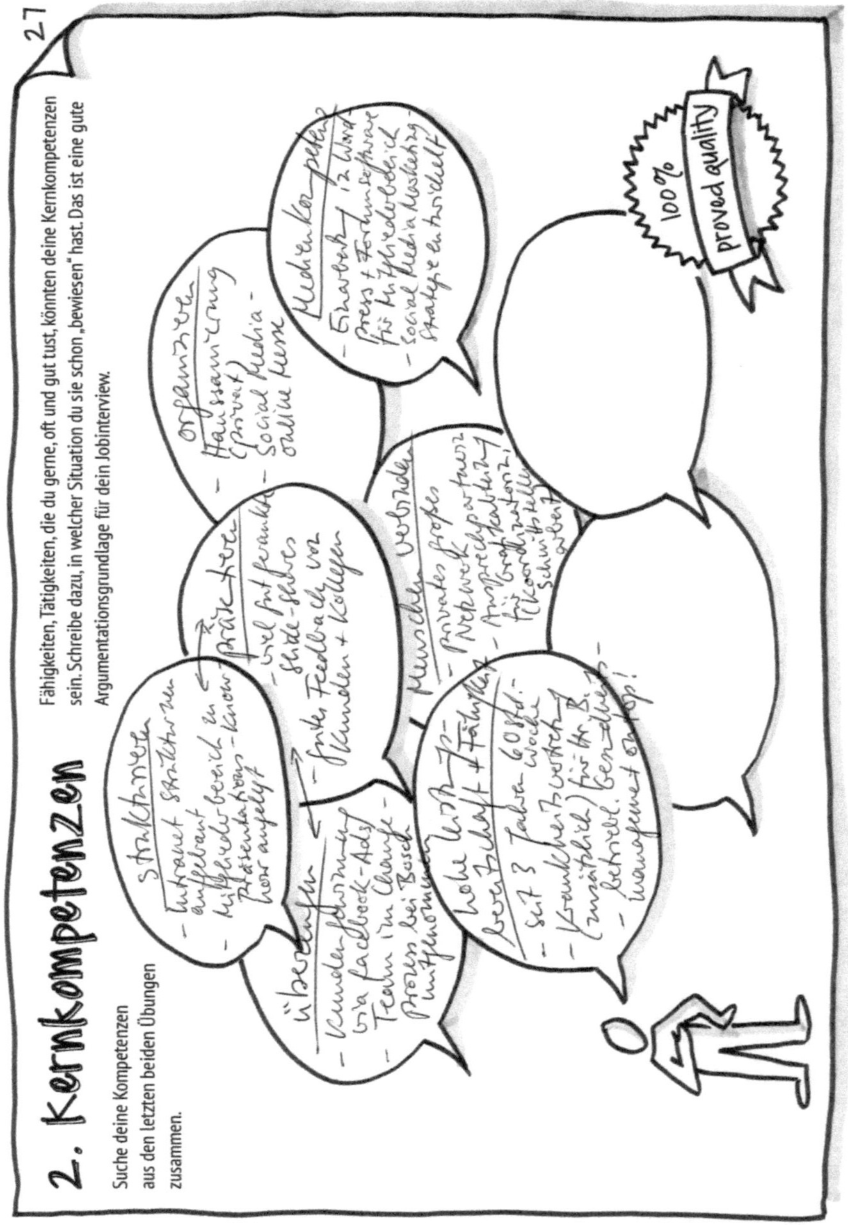

2. Davon will ich mehr

Wenn du frei wählen könntest, welche Interessen, Neigungen und Leidenschaften würdest du in welchem Umfeld gerne mehr ausleben? Lass dich von den Ideen um den Kreis inspirieren und baue eine Tortengrafik mit deinen Interessensanteilen, die du entwickeln möchtest. Markiere anschließend die, die du beruflich ausbauen möchtest.

Weiterbildung zu... Immobilien-finanz
Recherche über... Rentenlücke
Reise nach... Japan
Projekt...mit Kreative Köpfe
Ideengruppe zu... online Marketing
Gespräche mit/über...

(Tortengrafik-Segmente:)
- Videokunst
- Selbstvermarktung (online)
- Rhetorik
- Nix tun
- Japanische Arbeit mit alten Menschen (Ehrenamt)
- Französisch Konversation (will ich oder soll ich?)

Online-Plattform zu... Image-Beratung
Messe zu/mit... Bücher
Event zu... Rhetorik
Video/Film über... Videokunst
Artikel zu...
Kurs zu... Selbstvermarktung
Expertentreffen mit...

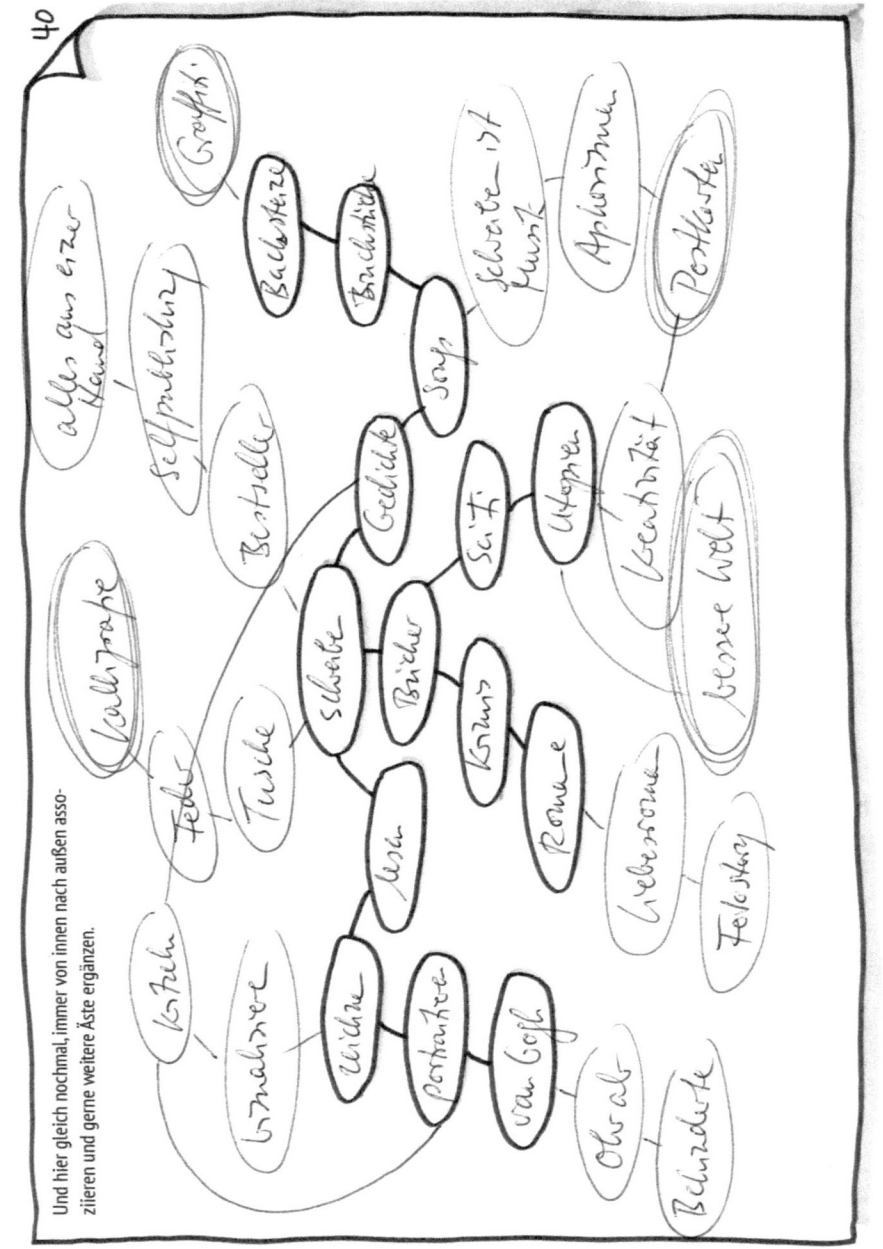

Und hier gleich nochmal, immer von innen nach außen assoziieren und gerne weitere Äste ergänzen.

42

3 Aspekte

Suche dir dann aus der äußersten Zone eines Clusters 3 Aspekte, die dich irgendwie anspringen, trag sie in die Schildchen ein.
Dann entwickle daraus gerne auch verrückte Jobideen.

Beschreibe den Job kurz, finde eine Jobbezeichnung und male eine kleine Skizze dazu (ja, auch wenn du nicht zeichnen kannst, mach's trotzdem :-)

Postkarte — Skizze: "Kurze Zeilen für eine bessere Welt"

Kalligraphie/Graffiti — Bessere Welt — Utopieerzähler

Beschreibung: Postkartenprojekt, in Schneeballsystem mit Vorbildern für stopiere eine Welt der Zukunft z.B. Themen Sorte, auch Botschafte Kurzgeschichten, Erlöse für Think Tanks

Kreuzfahrt — Skizze: "Work and chill"

Präsentator — Gründer-Coach

Beschreibung: Existenzgründer-Camps auf längeren Kreuzfahrten (z.B. Atl. Erde?)

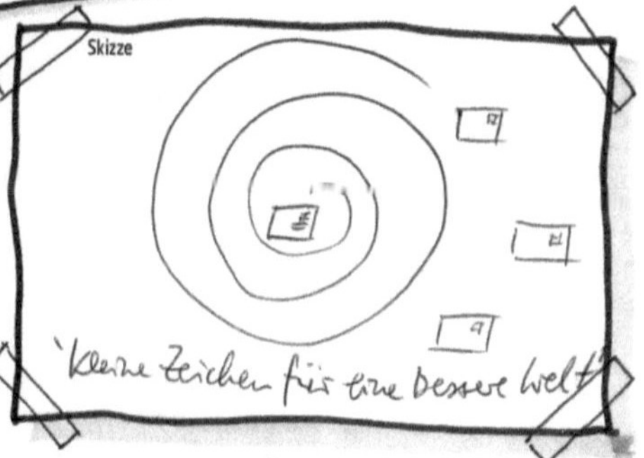

43

2 | Gründer-Coach

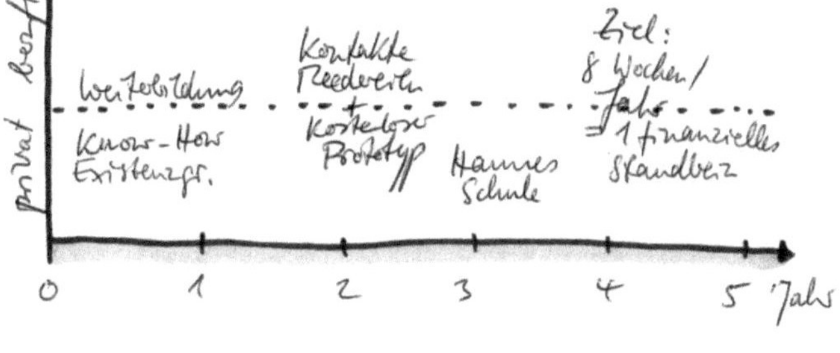

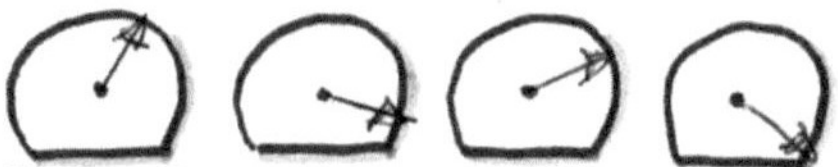

Meine Fragen:
- Gute Weiterbildung?
- Unterweis mit Gründer > Probleme?
- Hannes Untenehmen?

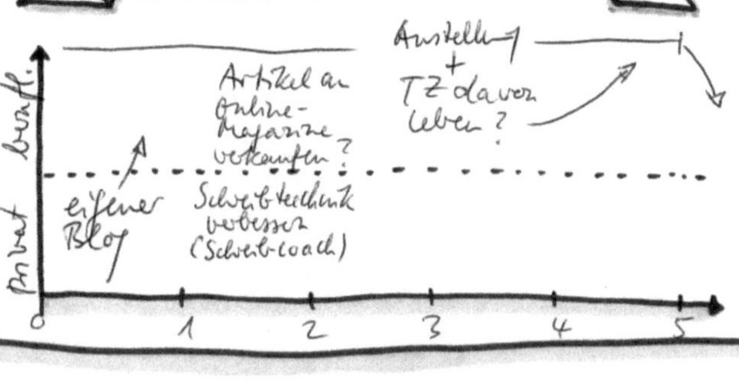

Ressourcen? | machbar? | stimmig? | Lust?

Zeitstrahl 0 – 1 – 2 – 3 – 4 – 5 Jahre
- Weiterbildung
- Know-How Existenzgr.
- Kontakte Freelancer
- Kostenlose Beratung Hannes Schule
- Ziel: 8 Stunden/Tag, finanzielle Standbein
- hoch / tief

3 | Guide-Redakteur

Meine Fragen:
- Nischenthema Blog Japanreisen?
- Kontakt für Interviews?
- Bin ich fit genug?

Ressourcen? | machbar? | stimmig? | Lust?

Zeitstrahl 0 – 1 – 2 – 3 – 4 – 5
- eigenen Blog
- Schreibtechnik verbessern (Schreibcoach)
- Artikel an Online-Magazine verkaufen
- Anstellung + TZ davor Wer?
- hoch / tief